Baden kann tödlich sein

Conny Lüscher

Baden kann tödlich sein

Mörderische Geschichten
aus der Bäderstadt

rulSuspense Verlag

Erstmals erschienen 2018 im
Theodor Boder Verlag

Neuauflage

CH-5400 Baden

Lektorat: Regine Weisbrod
Kontakt: conny@connyluescher.ch
Website: www.connyluescher.ch
ISBN: 978-3-9525662-9-9
Cover Design: RUDOLFBADEN
Abbildung Cover: „Tränenbrünneli“ in Baden,
von Hans Trudel (1919)

Druck: Libri Plureos GmbH, Friedensallee 273,
22763 Hamburg

Inhalt

Kommen Sie mit?

Ah, da sind Sie ja. Schön, dass wir uns begegnen! Sind Sie neugierig? Wollten Sie schon immer einmal wissen, was hinter den Fassaden dieser Stadt passiert? Die Dinge erfahren, die nie in der Zeitung stehen und über die auch kein Reporter von Tele M1 berichtet? Na gut, dann machen wir jetzt also einen Spaziergang. Aber ich warne Sie …, es könnte ungemütlich werden.

Frau M. hat einen Plan

„Alles viel zu teuer! Der spinnt doch!“

Herr M. drückte die Nase ans Schaufenster und war empört. Das war er eigentlich ständig. Er konnte sich über alles und jeden aufregen, sein Blutdruck balancierte Tag für Tag auf schwindelerregenden Gipfeln. Anklagend deutete er mit dem Zeigefinger auf die Auslage.

Frau M. blickte sich um und hoffte, dass niemand, der sie kannte, ausgerechnet jetzt durch die Rathausgasse lief und hörte, wie ihr Mann über den Weinhändler schimpfte.

Aber es war kein Mensch zu sehen. Noch. „Das ist Schweizer Wein“, seufzte sie. „Preisgekrönt.“

„Selbst wenn an den Flaschen Edelsteine kleben würden, wäre es immer noch unverschämt! Was für ein Auto fährt der eigentlich? Wahrscheinlich einen Ferrari bei diesen Preisen.“

„Du musst den Wein ja nicht kaufen.“

„Ha! Das werde ich auch ganz sicher nicht.“

Frau M. hatte kürzlich in diesem Geschäft zwei Flaschen erstanden, ihrem Mann aber wohlweislich erzählt, es handle sich um ein Sonderangebot aus dem Supermarkt. Der Wein hatte ihm ausgezeichnet geschmeckt, und während er am Gartentisch ein

Referat über die ärgerlichen Beschlüsse des Stadtrats hielt, trank er fast die ganze Flasche alleine.

„Komm jetzt, ich muss noch in die Apotheke." Frau M. würde das Generikaprodukt nehmen, denn ihr Mann hatte keine Lust, den milliardenschweren Pharmakonzernen auch nur einen Rappen mehr als nötig in den Rachen zu werfen.

Während sie durch die Badstraße liefen, trauerte Frau M. den alten Zeiten nach – als sie beide noch berufstätig gewesen waren und ihr Mann noch nicht so zänkisch.

Oder doch?

Herumgemault hatte er schon immer. Sich zu echauffieren und sich in Dinge einzumischen, die ihn nun wirklich überhaupt nichts angingen, war für ihn das Salz in der Suppe.

Früher hatte Frau M. besser damit umgehen können, sie hatten ja eigentlich nur die Sonntage zusammen verbracht. Denn auch samstags arbeitete sie noch in einem Modehaus an der Badstraße. Selbst als ihre Figur, bedingt durch die Menopause, aus den Fugen geriet und die exklusiven Kleider an ihr nicht mehr ganz so elegant wirkten, konnte sie noch eine Weile bleiben.

Während ihr Mann frühpensioniert war und zu Hause den ganzen Haushalt auf den Kopf stellte, genoss Frau M. jeden Tag. Selbst die unfreundlichste Kundin hatte sie mit einem Lächeln beschenkt, das von Herzen kam.

Aber seit einem halben Jahr war auch das vorbei, und nun konnten sie einander nicht mehr ausweichen. Was heißt ausweichen? Herr M. hatte sich aufgrund mangelnder Hobbys oder Interessen in einen Detektiv verwandelt. Um nicht zu sagen in einen Stalker, denn er verfolgte alles und jeden.

Und regte sich auf.

Und schimpfte.

Und kritisierte.

Frau M. hatte bis dahin gar nicht gewusst, wie grässlich diese Stadt doch war. Was das für Leute waren, die hier lebten.

Ihr Mann klärte sie gewissenhaft darüber auf.

Es war deprimierend.

Einfach deprimierend. Anfangs hatte sie gedacht, dass sich das mit der Zeit schon legen würde. Wenn er sich eingewöhnt hätte in sein neues, untätiges Leben. Sie hatte gehofft, dass aus den Mittagessen mit ehemaligen Kollegen, das einmal im Monat stattfand, mehr werden würde. Aber leider passierte das Gegenteil, die Kollegen blieben ganz weg.

Frau M. konnte das gut verstehen, schließlich waren sie ja jetzt nicht mehr vertraglich dazu verpflichtet, seinen Litaneien zuzuhören.

Sie versuchte, ihren Mann zum Besuch eines Fitnesscenters zu überreden. Da gab es sicher Leute, denen genauso langweilig war wie ihm. Außerdem konnte es doch sicher nicht schaden, wenn …

Aber oha! Mit rotem Kopf und vor Wut mit den Händen gestikulierend kam er mit dem Prospekt aus dem Fitnessstudio im Trafo zurück.

„Tausendeinhundert Franken wollen die für das Abo! Das kann doch nicht wahr sein. Eine Frechheit! Eine Unverschämtheit!“

Die Krankenkasse würde nur läppische zweihundert Franken vergüten. Und nachdem Herr M. ausgerechnet hatte, wie oft er trainieren müsste, um diesen Preis einigermaßen zu rechtfertigen, war der Plan gestrichen.

Reisen kam auch nicht in Frage. Herr M. überquerte die Schweizer Grenze genau zweimal im Monat, um sich auf der deutschen Seite mit günstigen Lebensmitteln einzudecken. Das auch nur ungern, denn diese Leute dort waren ja auch nicht gerade sein Geschmack. Wenigstens beim Thema Fleisch hatte sie sich durchsetzen können. Frau M. wollte wissen, wie es den Tieren ergangen war. Ob sie ein schönes Leben hatten und einen humanen Tod. Und darauf konnte sie sich in Baden verlassen. Allein der Gedanke an ein Schnitzel aus Massentierhaltung, erzeugte bei ihr einen Würgereiz.

„Jetzt stell dich doch nicht so an! Hast du gesehen wie viel in der Schweiz ein Filet kostet?“

Eben. Es hatte Streit gegeben – und das nicht zu knapp, aber Frau M. hatte einen ihrer seltenen Siege davongetragen und kaufte das Fleisch weiterhin in ihrer Metzgerei.

Es war ermüdend. Frau M. dachte an die vielen Jahre, die jetzt wahrscheinlich noch vor ihnen lagen.

Grauenhaft.

In letzter Zeit hatte sie öfters darüber nachgedacht, sich scheiden zu lassen. Sie würde aus ihrem schönen Haus ausziehen müssen, vielleicht sogar ganz aus der Stadt. In Baden waren Wohnungen, die sie sich dann noch würde leisten können, so rar wie ein Sechser im Lotto. Besser ausgedrückt, gar nicht vorhanden.

Wenn sie in den Spiegel sah, war sie schockiert. Eine Schönheit war sie nie gewesen, aber in den letzten paar Monaten war sie wie in einem Zeitraffer gealtert.

Eines Tages lief ihr eine alte Freundin über den Weg. Fast hätte Frau M. sie nicht erkannt, so strahlend, jugendlich und lebendig. Bestimmt hatte da ein Schönheitsdoktor nachgeholfen. Aber dem war nicht so.

Nach ihrer Scheidung hatte sich diese Freundin noch einmal verliebt. In einen Mann, der das pure Gegenteil von Herr M. sein musste. Und jetzt bekam Frau M. Dinge erzählt, die sie nicht für möglich gehalten hätte. Und das in DEM Alter!

Frau M. wollte das auch. Auch so glücklich sein. Um jeden Preis.

Aber wie?

„Was starrst du mich so an?“, empörte sich ihr Mann am nächsten Morgen beim Frühstück, das immer noch in aller Herrgottsfrühe stattfinden musste. Obwohl er doch nichts zu tun hatte. Obwohl er ja nicht aus dem Haus musste.

Für immer.

„Ach nichts, ich war nur gerade in Gedanken.“

Unwirsch vor sich hin brummend, verzog er sich hinter die Zeitung und bombardierte sie anschließend wie gewöhnlich mit seinen Kommentaren.

Nicht mehr lange, dachte sie und fühlte sich plötzlich ganz außerordentlich beschwingt.

Obwohl sie nicht die geringste Ahnung hatte, wie sie ihn loswerden könnte. Schließlich konnte sie ja nicht zaubern.

Sie ging spazieren. Alleine, denn Herr M. hatte Schnupfen, und da konnte man nicht vorsichtig genug sein.

Sie kam am Kurtheater vorbei. Ihr Mann hatte sich nur ein einziges Mal dafür interessiert. Als Peach Weber hier gastiert hatte, wollte er hin. Aber nachdem ihm mitgeteilt worden war, dass die Tickets schon seit Wochen ausverkauft waren, hatte er lauthals geflucht.

Er war davon überzeugt, dass die Tickets hinter der Hand vergeben wurden und er als normal sterblicher Steuerzahler von der Badener Cervelat-Prominenz ausgebootet worden war. Seither machte er nur noch Theater wegen dem Theater mit der Renovierung des Theaters.

Frau M. hatte trotz seiner schmollenden Blicke einige Vorstellungen alleine besucht. Am liebsten Klassiker oder etwas mit Musik.

Wann bin ich eigentlich zum letzten Mal dort gewesen?, sinnierte sie, als sie der Parkstraße Richtung Bäder folgte.

Auf der Rückseite des Hotels Du Parc drängelten sich ein paar der Angestellten auf der kleinen Terrasse. Schnatternd, lachend und rauchend genossen sie ihre kurze Pause. Frau M. fühlte Neid in sich aufsteigen.

Unten im Bädergebiet wurde mit Hochdruck gearbeitet. Frau M. blieb stehen und beobachtete das Treiben. Wie sich hier alles verändert hatte. Und noch verändern würde!

Es hatte Jahre gedauert, bis der Plan für ein neues Thermalbad in die Tat umgesetzt werden konnte. Jahre! In denen alles immer mehr verfiel, und ganz am Schluss wurde im großen Becken nicht mehr sittsam geschwommen, sondern wild getanzt. Ja, Partys wurden gefeiert, und auch wenn dabei ein paar Kacheln zu Bruch gingen, es spielte keine Rolle, denn es wurde ja sowieso alles abgerissen.

Frau M. war nicht unbedingt begeistert gewesen, als sie die Pläne des neuen Bades zum ersten Mal sah. Botta, ja gut. Ein berühmter Architekt, aber von ihr aus hätte es ein bisschen weniger berühmt, dafür heimeliger werden können. Sie bewunderte den unglaublichen Durchhaltewillen der verbliebenen Gewerbetreibenden, die sich so lange Zeit gegen den drohenden Dornröschenschlaf des Quartiers stemmten.

Aber jetzt ging es endlich voran. Und wie!

Frau M. starrte in die riesige Grube hinter dem Drahtzaun. Einer der Vorarbeiter zwängte sich durch das Gitter und nahm seinen Helm ab.

„Geht es vorwärts?“, fragte sie.

„Bis jetzt planmäßig.“ Er wischte sich den Schweiß von der Stirn. „Übermorgen wird hier aufgeschüttet, planiert, und dann kommt die erste Ladung Beton.“

„Ach, das ist ja interessant.“

Der Mann hatte das schon nicht mehr gehört. Er lief eilig Richtung Baubaracke, vermutlich hatte er Durst und keinerlei Interesse an Frauen fortgeschrittenen Alters, die müßig im Weg standen.

Aufgeschüttet. Planiert. Beton.

Frau M. sah lange hinunter in die Grube.

Doch. Ja.

Sie fasste einen Plan.
Es war eigentlich ganz einfach.

Wie schnell doch die Zeit vergeht …

Frau M. durchquert mit gleichmäßigen Schwimmzügen das Becken.

Es ist schöner geworden, als ich dachte, das Thermalbad von diesem Botta. Frau M. ist zufrieden. Jetzt ist Baden wirklich wieder eine Bäderstadt.

Herr M. hätte dieses Bad höchstens am Tag der offenen Türe betreten. Und auch nicht, um zu baden, sondern um sich in geschlossenen Schuhen – öffentliche Bäder sind wahre Brutstätten von Fußpilz! – über das viele Geld zu ärgern, das hier verprasst worden war. Und diese Eintrittspreise hätten ihn wochenlang um den Schlaf gebracht.

Frau M. stößt sich am Beckenrand ab um eine weitere Bahn zu schwimmen. So circa in der Mitte blickt sie nach unten.

Sie kann ihn nicht sehen.

Aber sie weiß, dass er vorwurfsvoll zu ihr hochstarrt.

Der Held

Während wir jetzt vom Kappelerhof her an der Limmat entlangspazieren bis ins Stadtzentrum, erzähle ich Ihnen die Geschichte von Brösmel. Dem Loser, dem Träumer, dem einfach nichts gelingen wollte bis, ja, bis eines Tages ...

Brösmel war ein Loser. Immer gewesen. Schon im Kindergarten bekam er stets das kleinste Stück vom Geburtstagskuchen, und im Sandkasten schaffte er es nie, aber wirklich nie, das große Schäufelchen zu ergattern. Vom Bagger und dem roten Auto ganz zu schweigen.

Alle Versuche, sich diese Spielzeuge zu greifen, waren jedes Mal in kollektives Geschrei ausgeartet, und natürlich war er schuld. Der Hansueli.

Ja, so hieß er eigentlich, aber mit einem solchen Namen bist du heutzutage bei den coolen Typen gleich unten durch. Und das wäre Brösmel gern gewesen. Ein cooler Typ mit einem nicht zu anstrengenden Bürojob, einem gut gefüllten Geldbeutel und wenn möglich noch mit einer Freundin, die so ähnlich aussah wie Pamela Anderson. Jünger natürlich.

Er war meilenweit, um nicht zu sagen Lichtjahre von einem solchen Leben entfernt. Er hatte es noch geschafft, die Schule abzuschließen, ohne sitzen zu bleiben, und eine Kochlehre angefangen. Hochmotiviert, denn eine gute Küche wusste Brösmel zu schätzen. Aber irgendwie waren sein Chef und er nie der gleichen Meinung gewesen. Eigentlich bei allem, aber in erster Linie, was die Arbeitszeiten betraf.

Unmenschlich waren die!

Jawohl, anders konnte man das nicht nennen. Es waren harte Monate gewesen, und Brösmel hatte gar nicht gewusst, dass man überhaupt so müde sein konnte. So fertig, dass er im Stehen eingeschlafen war und die Soße anbrannte, die er hätte sämig rühren sollen. Was augenblicklich zu überhitzten Diskussionen mit dem Chef geführt hatte.

Als Brösmels Großmutter starb, bei der er aufgewachsen war, warf er dem Chef den Kochlöffel vor die Füße und gab auf. So hatte er sich das nicht vorgestellt, und er wollte sich etwas Neues suchen. Die Jahre vergingen, und er kam irgendwie nicht dazu.

Wenn er gegen Mittag aufstand, frühstückte, und wenn er dann endlich die richtige Kleidung für den heutigen Tag zusammengeklaubt hatte, war er schon fast wieder um. Aber er spazierte jeden Tag in die Stadt, denn er wollte nichts verpassen. Brösmel hauste immer noch in der winzigen Wohnung seiner Großmutter im Kappelerhof. Lange würde das allerdings nicht mehr gehen, denn ihre Ersparnisse waren nahezu aufgebraucht.

Es war an der Zeit, sich etwas zu überlegen. Ob er doch wieder einmal aufs Arbeitsamt gehen sollte? Aber dass man dort inzwischen bessere Vorschläge hatte als beim letzten Mal, hielt er für ziemlich unwahrscheinlich.

Es war ein schöner Sommertag, und Brösmel folgte dem Weg der Limmat entlang. Er mochte diese idyllische Gegend. Ganz abgesehen davon, dass er kein Geld für ein Busabo hatte und diese Schwarzfahrerei ziemlich an den Nerven zerrte.

Auf dem Kappisee, in dem er an heißen Tagen gerne badete, reckten zwei Schwäne die langen Hälse, als sie ihn bemerkten. Aber sie schienen ihn zu erkennen, denn sie drehten vom Ufer ab wie zwei Synchronschwimmer. Brösmel hatte im wahrsten Sinne des Wortes kein Brot.

Und bald auch sonst nichts mehr zu essen, wenn nicht bald ein Wunder geschah. Seine Gedanken flossen so träge dahin wie die Limmat, und er träumte wie so oft davon, wie sein Leben aussehen könnte, wenn …, ja wenn!

Es gab so viele Wenn und Aber, dass ihm ganz schwindelig davon wurde. Dabei wollte er doch nur einmal, ein einziges Mal in seinem Leben nicht der

Loser sein, den niemand für voll nahm. Vielleicht lag es ja an der Stadt. In Baden gab es keine Heldentaten zu vollbringen, über die man dann in der Aargauer Zeitung berichten würde. Oder sogar in den Nachrichten von Tele M1.

In Baden passierte gar nichts, das auch nur im Entferntesten Ähnlichkeit hatte mit den Geschehnissen in den Actionfilmen, die er so liebte. In denen ganz gewöhnliche Typen, Loser wie er, zu Helden mutierten. Apropos, im Trafo 1 lief gerade der neue Spiderman. Vielleicht konnte er sich wieder hineinschleichen. Er würde sich das bei einem Bier auf dem Bahnhofplatz überlegen. Der Flieger – so heißt die Skulptur eines Mannes mit Flügeln, der über den Platz wacht – wirkte immer inspirierend auf Brösmel.

Der Schöpfer des Kunstwerks, der Bildhauer Hans Trudel, war damals auch so eine Art Loser gewesen. Jedenfalls hatte er – genau wie Brösmel mit seinem ehemaligen Chef – dauernd Ärger mit der Stadtobrigkeit gehabt. Der Künstler hatte sich mit dem „Tränenbrünneli" an der Promenade gerächt. Dort weinen sich nun für alle Zeiten steinerne Kinder die Augen aus dem Kopf.

Ja, es war zum Heulen, und Brösmel war ja nicht mal ein verkannter Künstler. Das wenigstens wäre cool. Wenn er malen könnte, seine Werke mit einer pompösen Vernissage im Trudelhaus präsentieren und die ganzen Apéro Häppchen selber futtern. Und den Rosenrebenwein der Cordula Zunft aus dem Weinberg oben beim Schloss gleich kistenweise geschenkt bekäme. Die Frauen würden ihn anhimmeln, und niemand würde ihn schief ansehen, weil er so lange im Bett herumgammelte. Denn Künstler brauchen viel Schlaf, das weiß doch jeder.

Oder wenn er Gitarre spielen könnte. Dann würde er im Metroshop singen, und die Leute würden ihn geradezu mit Geld bewerfen.

Das ist doch der Brösmel!, dachte Joe, der auf einer Bank im Mättelipark hockte und sich eine Zigarette drehte.

Ja klar, er ist es!

Joe, der eigentlich Karl hieß, grinste. Unverkennbar diese Gestalt, die da auf ihn zu geschlurft kam. Dünn wie ein Spargel, mit schlenkernden Armen und diesem entrückten Gesichtsausdruck, als wäre er etwas zurückgeblieben.

Brösmel der Loser höchstpersönlich.

Eigentlich kein schlechter Kerl, aber der Typ war einfach zu blöd. Brösmel brachte rein gar nichts auf die Reihe und bemerkte nicht einmal, wenn er reingelegt und ausgenutzt wurde. Joe hatte manchmal fast Mitleid mit ihm, aber schließlich musste jeder selber sehen, wo er blieb.

Und bis jetzt konnte sich Joe nicht beklagen. Im Gegensatz zu Brösmel hatte er was in der Birne und musste nicht von den Ersparnissen seiner Großmutter leben.

Und arbeiten – Gott behüte! – musste Joe auch nicht. Wobei – wenn man es genau betrachtete, arbeitete er ziemlich viel. Um sich seinen Lebensstandard zu sichern, musste er Pläne schmieden. Komplizierte Pläne und sie dann in die Tat umsetzen, ohne Spuren zu hinterlassen. Wenn das keine Arbeit war! Hallo?

Sein letztes Projekt war trotz gewissenhafter Recherche total schiefgegangen, und beinahe hätte Joe die Zellen im Bezirksgebäude von innen besichtigen können. Direkt beim Schulhausplatz, wo der ganze Verkehr vorbeidonnerte, und dabei war er doch so lärmempfindlich. Joe hatte großes Glück gehabt, aber jetzt steckte er finanziell in einem Engpass und musste dringend etwas unternehmen. Er hatte auch schon eine Idee ausgebrütet, und da kam ihm dieser Trottel wie gerufen.

„Hey Brösmel!", rief er leutselig.

Brösmel zuckte zusammen und landete, heruntergeschubst von seinem Tagtraumwölkchen, unsanft in der Realität.

„Hä?"

„Was ist denn los, Alter? Kennst du mich nicht mehr?“

Brösmel verzog das Gesicht. Natürlich erkannte er Joe. Er konnte sich gut daran erinnern, wie er von ihm gelinkt worden war. Ausgenutzt, aber Joe hatte immer eine plausible Erklärung gehabt, wieso die Sache jetzt so gelaufen war. Und Brösmel hatte ihm halbwegs geglaubt. Das war immer noch besser, als sich wie der letzte Idiot zu fühlen.

„Komm! Setz dich zu mir. Was geht ab bei dir? Willst du eine Zigarette?“

Ja, wieder einmal Eine rauchen, das wollte Brösmel schon. Also pflanzte er sich neben Joe auf die Bank, und dann ging es los.

Brösmel konnte sich später nicht mehr erklären, wie das alles gekommen war. Joe hatte wie immer Pläne, und diesmal sollte Brösmel eine entscheidende Rolle spielen. Und danach in Geld schwimmen. Brösmel hörte zu und paffte noch eine zweite Zigarette, die Joe ihm großzügig offerierte.

Den Ausschlag für die Zusage einer Teilnahme an Joes neuem Projekt gab die Einladung zum Essen.

„Ins Isebähnli, das kennst du doch?“

Natürlich! Wer kannte es nicht, das Bistro-Restaurant in der Stadt. Seine Großmutter hatte ihn an einem Geburtstag dort eingeladen, und der Pius hatte ihm einen warmen Siedfleisch-Salat serviert.

Eben erst von Jean-Michel frisch kreiert, und Brösmel hätte noch den Teller verschlingen können, so gut hatte es ihm geschmeckt.

„Also dann reserviere ich jetzt den Tisch“, sagte Joe und zog ein hypermodernes Handy aus der Tasche. Weiß der Teufel, wo er dieses Teil abgestaubt hatte.

Brösmel wurde ein bisschen mulmig, aber hey! Siedfleisch-Salat!

Mit gut gefüllten Bäuchen nach einem traumhaften Abendessen – Joe hatte sogar noch ein Dessert spendiert – machten sie sich gegen Mitternacht auf den Weg Richtung Stadtcasino. Joe zerrte eine Krawatte aus der Tasche seines Anzugs, der ihm gut zwei Nummern zu klein war. Nach dem Essen hatte sich ein Jackettknopf verabschiedet und war mit einem leisen Pling unter den Tischen verschwunden. Brösmel hätte fast laut aufgelacht, denn Joe sah in diesem Anzug völlig idiotisch aus – und dann noch dieser flüchtende Knopf! Aber Joe hatte die Rechnung noch nicht bezahlt, also hütete er sich.

Während Joe fluchend versuchte, sich die Krawatte umzubinden, wollte Brösmel schon das Casino betreten.

„Stopp! Wo willst du hin?“, brüllte Joe.

„Also ich habe mir überlegt, dass ich genauso gut drinnen aufpassen kann.“

„Spinnst du jetzt komplett?“ Joe bekam einen roten Kopf, aber es war nicht ganz klar, ob vor Wut oder weil er sich mit der Krawatte fast selbst erwürgte.

„Aber …“

„Nichts aber! Es bleibt verdammt noch mal bei unserem Plan! Kapiert? Was glaubst du eigentlich, warum ich hier in diesem Kostüm erscheine? Nein, natürlich hast du wieder mal keine Ahnung!“

Das war wieder einer dieser Sätze, die Brösmel schon sein ganzes Leben hörte. Keine Ahnung, von nichts.

Loser.

Und in der letzten Zeit machte es ihm wirklich etwas aus. Es machte ihn … sauer! Ja, doch. So könnte man es nennen.

Joe schien in seinem Gesicht gelesen haben, denn er tätschelte ihm versöhnlich die Schulter.

„Heh, Mann. Das ist doch nichts Persönliches. Aber wenn du an die Spieltische willst, kannst du nicht in einem solchen Aufzug erscheinen.“

Brösmel sah an sich herunter. Er hatte für heute Abend extra seine besten Klamotten aus den überquellenden Schränken gefischt, in denen immer noch die Kleider seiner Oma lagen. Aber Joe hatte vielleicht recht. Diese ausgebeulten Jeans und das senfgelbe Shirt waren eventuell doch nicht das passende Outfit.

„Hier.“ Joe überreichte ihm eine Schachtel Zigaretten, die noch fast voll war. „Kannst rauchen, während du wartest.“

Na, wenigstens das. Brösmel war halbwegs versöhnt.

„Aber trotzdem gut aufpassen!“, ermahnte Joe ihn wie ein Lehrer. „Und du weißt noch, was du tun musst, wenn ich herauskomme und laut huste?“

„Ja, zum Teufel! Ich bin doch nicht blöd.“

Doch, genau das bist du, dachte Joe, während er am Eingang seinen Ausweis und seine Freikarte präsentierte. Ein Trottel, um ganz deutlich zu sein!

Joe kamen nun doch Bedenken, aber er beruhigte sich schnell wieder. Sollte der Plan schiefgehen, würde er alles Brösmel in die Schuhe schieben. Und wenn er schnell genug verschwand, würde sowieso alles nur auf den Trottel deuten.

Und der kann erzählen, was er will! Dem wird ohnehin niemand glauben. War schon immer so.

Joe betrat den Saal mit den Spieltischen, ging zur Kasse und besorgte sich ein paar Jetons. Er hatte kaum noch Geld übrig und hoffte inständig, dass er in dieser Nacht nicht auf seinen Spesen sitzenbleiben würde.

Brösmel setzte sich draußen hinter die Parkautomaten bei der Treppe zur Tiefgarage. Genauso, wie Joe es ihm eingebläut hatte. Die Kameras, pass auf die Kameras auf!

Ja ja! In Brösmel stieg wieder die Wut auf, und er rauchte eine Zigarette nach der anderen.

Der Plan war ganz einfach. Joe würde drinnen den Spieler ausfindig machen, der in dieser Nacht am meisten Glück hatte. Ja, man konnte hier richtig zu Geld kommen. Und wenn dann der Glückspilz, der noch nicht ahnte, dass er zum Pechvogel werden würde, seine Jetons getauscht und die Taschen mit Geld gefüllt hatte, würde Joe ihm folgen und vor dem Eingang laut husten, damit Brösmel in Stellung gehen konnte.

Sie planten, den Gewinner um Parkmünzen zu bitten oder irgendwas – Joe wollte das spontan entscheiden –, und dann wollten sie ihn gemeinsam überwältigen und in die Büsche zerren.

Oder so.

Inzwischen hustete Brösmel selber. Es lag nicht nur an den vielen Zigaretten die er geraucht hatte, es war auch ziemlich kühl geworden. Er fror erbärmlich in seinem dünnen Shirt.

Das dauert ja ewig! Wie spät ist es eigentlich?

Fast schon zwei. Brösmel sehnte sich nach seinem warmen Bett und kam sich wieder einmal vor wie ein Idiot. Die ganze Idee war vermutlich sowieso nicht besonders schlau. Vor allem, weil Joe daran beteiligt war. Und da war er doch noch jedes Mal als Verlierer vom Platz gegangen.

Als Loser.

Brösmel versuchte, seinen erneut aufkeimenden Ärger mit schönen Erinnerungen zu vertreiben. Er dachte an die Donnerstage mit den Konzerten im Club Joy, wo Musiker aus aller Welt spielen. Bei schönem Wetter draußen auf der Terrasse. „After Work" nannte sich das. Ab achtzehn Uhr – und der Hammer war, es kostet keinen Eintritt. Hier konnte Brösmel ungestört die ganze Zeit an einem einzigen Bier nuckeln und mit den Fingern schnippen. Und davon träumen, was wäre, wenn er auch so ein begnadeter Musiker wäre wie dieser Nic, der sich die ganze Sache ausgedacht hatte.

Plötzlich kam Joe aus dem Eingang gestolpert.

Na endlich!

Aber Joe hustete nicht, sondern sah sich hektisch um.

„Heh, was ist?", fragte Brösmel und kroch aus seiner Deckung. Er hatte inzwischen schon ganz steife Glieder.

„Oh, du bist noch da?", stammelte Joe. Er hatte offensichtlich getrunken.

Und nicht nur ein Glas, so, wie der schielte!

„Ja klar bin ich noch da! Was glaubst du denn?“ Brösmel sah sich nach einem potenziellen Opfer um. Niemand da.

„Sorry, Brösmel, wir müssen die Aktion verschieben. Heute hat nur einer gewonnen. Das Casino.“

Brösmel war eigentlich erleichtert. Er war sich sowieso nicht sicher gewesen, ob er jemanden hätte k. o. schlagen können. Und das hätte er tun müssen, er war noch nie einem Menschen begegnet, der sein Geld freiwillig herausrückte.

„Kann ich bei dir übernachten? Jetzt fährt kein Bus mehr“, jammerte Brösmel. Das konnte Joe ja wohl nicht von ihm verlangen, dass er jetzt den weiten Weg in den Kappelerhof lief, so durchgefroren, wie er inzwischen war. Joe wohnte ganz in der Nähe auf der Ennetbadener Seite. Keine zweihundert Meter nach der schiefen Brücke.

Mist!, dachte Joe, das hat mir jetzt gefehlt! Aber es war sonnenklar, dass er Brösmel heute Nacht nicht mehr loswerden würde.

„Ja gut, von mir aus.“ Er hakte sich bei ihm unter, und gemeinsam wackelten sie los.

Joe hatte ziemliche Schlagseite.

Ich hätte nicht so viel saufen sollen, dachte er.

Er hatte schon im Isebähnli fast die ganze Flasche Rotwein alleine getrunken. Den günstigsten, den es gab, und selbst der hatte ausgezeichnet geschmeckt.

Aber jetzt noch Champagner. Ja, Champagner, schließlich hatte es einen Grund zum Feiern gegeben. Etwas Unglaubliches, nein, etwas schier Unmögliches war passiert.

Joe hatte gewonnen! Er hatte seinen mickrigen Einsatz vermehrt und noch mal und noch mal und immer wieder gewonnen! In der Tasche seiner Anzugjacke knisterten die großen Scheine, die ihm eine Zeit lang ein unbeschwertes Leben ermöglichen würden. Natürlich ohne Brösmel, diesen Idioten.

Ich hätte mich jetzt selber überfallen müssen! Bei dieser Vorstellung wieherte Joe los. Er torkelte und wäre vor Lachen fast der Länge nach hingeschlagen.

Brösmel mühte sich ab, ihn auf den Beinen zu halten – wobei er sich fragte, was Joe so lustig fand – und ließ ihn schließlich entnervt los.

Joe eierte grölend über die menschenleere Brücke, aber genau in der Mitte beugte er sich über das Geländer und verabschiedete würgend den Champagner. Und noch einiges mehr.

Dann sackte Joe zusammen und verlor, an die Gitterstäbe gelehnt, kurz das Bewusstsein.

„Was ist los mit dir?" Brösmel tätschelte ihm die Backe, und Joe knurrte etwas Unverständliches.

Brösmel musterte ihn unter dem Licht der Brückenbeleuchtung. Die Krawatte hing schief hinter Joes linkem Ohr, das Hemd hatte er aufgerissen, und die Brustbehaarung lugte wie ein Toupet darunter hervor. Die Taschen seiner Jacke hingen ausgebeult neben seiner Hüfte.

Ausgebeult?

Brösmel beugte sich hinab. Soweit er sich erinnern konnte, war das vor ein paar Stunden noch nicht so gewesen.

Was schleppt er da mit sich herum?

Brösmel musste nicht einmal nahe herangehen. Ein paar Scheine quollen hervor. Geld! Das waren Geldscheine. Große! Jede Menge.

Brösmel zuckte zurück, als hätte man ihm einen Schlag versetzt.

Kein Wort! Kein Wort hat er gesagt! Und er wird mir nie sagen, dass ja er der Gewinner des heutigen Abends ist. Nicht heute, nicht morgen, nie! Wieso sollte er? Ich bin doch nur der Idiot, der von nichts eine Ahnung hat. Der Loser. Mit dem man ganz sicher nicht teilt. Nein, ganz sicher nicht. Wär ja schön blöd!

In seinem Inneren begann ein Vulkan zu brodeln, von dem Brösmel nicht gewusst hatte, dass es ihn gab. Wie glühende Lava schossen seine Gefühle in ihm hoch.

All die Verletzungen, Kränkungen und der Spott, den er seit Kindertagen immer wieder erfahren hatte, kochte über.

Brösmel sah rot.

Und das rote Tuch, also Joe, lag vor seinen Füßen und rülpste laut.

„Arschloch!“, brüllte Brösmel und verpasste ihm einen Tritt ans Schienbein.

„Spinnst du?“ Joe rollte mit den Augen und schloss sie gleich wieder, weil sich irgendwie alles um ihn drehte.

„Mistkerl!“, knurrte Brösmel voller Zorn und griff in Joes Taschen. Mit einem grimmigen Lächeln packte er die ganzen Geldscheine und schob sie in die Taschen an den Unterschenkeln seiner Jeans. Die mit den Reißverschlüssen. Es sah aus, als wuchere irgendein böses Geschwür an seinen Beinen.

„Ich geh jetzt!“, fauchte er. „Auf Nimmer-, Nimmerwiedersehen du Arsch!“

Joe riss die Augen auf. Irgendetwas war hier schiefgelaufen. Und zwar gründlich. Er versuchte, die Nebelschwaden aus seinem Kopf zu vertreiben und zu verstehen, weshalb …

Panisch griff er in die Taschen seiner Jacke.

Leer!

So leer wie sein Konto! Joe schoss in die Höhe und verlor sofort das Gleichgewicht.

„Brösmel!“, brüllte er und klammerte sich an das Brückengeländer.

Dieser Loser reagierte nicht. Er war noch keine zwei Meter von ihm entfernt, und eine Wut, die alles andere auslöschte, verhalf Joe zum Sprung seines Lebens.

Sie prallten zusammen auf den Asphalt.

Joe lag auf Brösmels Rücken wie der Panzer einer Schildkröte. Er hatte ihn total überrumpelt, und Brösmel japste nach Luft. Er hatte sich beim Sturz auf die Lippe gebissen, und der Geschmack von Blut in seinem Mund brachte den Vulkan zum Ausbruch. Er bäumte sich auf, und Joe purzelte wie ein ungeschickter Cowboy auf den Gehsteig.

Aber er gab nicht auf.

Brösmel stand kaum wieder richtig auf den Beinen, als Joe sich schon wieder mit geballten Fäusten auf ihn stürzte.

„Gib mir mein Geld zurück, du verdammter Dreckskerl!“ Er knurrte wie ein Hund und versuchte, an die Beulen auf Brösmels Schenkeln zu gelangen. Von weitem hätte man das ziemlich missverstehen können.

Aber außer ihnen lagen alle friedlich in ihren Betten, und so rangen sie ungestört miteinander mitten auf der Brücke. Zuerst glich es mehr einem ungelenken, wilden Tanz, wie sie sich da so aneinandergeklammert im Kreis drehten. Dann kamen die Ausfallschritte und schließlich die Faustschläge, untermalt von Flüchen und Gebrüll.

Unten, auf der Seite von Ennetbaden, wurde ein Fenster aufgerissen.

„Was ist denn da los?!“ Die Stimme der Frau klang besorgt und erzürnt zugleich.

„Halt dein Maul, du blöde Kuh, und verkriech dich in dein Bett!“, brüllte Joe. Er löste den Würgegriff um Brösmels Hals, um mit einer Hand den Mittelfinger in Richtung des Fensters zu strecken.

Das war Brösmels Chance. Er befreite sich aus seiner Umklammerung und machte keuchend einen Schritt zurück.

Joe stand mit dem Rücken am Geländer und funkelte ihn mit blutunterlaufenen Augen an.

„Anscheinend willst du es nicht anders!“ Er zog etwas aus seiner Hosentasche.

Klack!

Die Klinge des Klappmessers funkelte im Licht. Joe holte weit aus, sein Oberkörper dehnte sich über das Geländer. Brösmel handelte instinktiv. Er brauchte fast keine Kraft für den Stoß.

Joe kippte, zur Hälfte schon von seinem eigenen Schwung von den Füßen gerissen, rückwärts über das Geländer.

Er kreischte wie am Spieß, während er durch die Luft segelte, und er hätte wahrscheinlich noch endlos weitergebrüllt, aber er versank wie ein Stein im Wasser.

Im Frühjahr oder nach starken Regenfällen verwandelt sich die Limmat manchmal in einen reißenden Strom, der steigt bis zur Straßenkante. Ein braunes Gewässer, das Äste und auch ganze Bäume einfach fortspült.

Aber in dieser Nacht floss das Limmatwasser dunkel schimmernd, gemächlich unter der Brücke hindurch.

Brösmel beugte sich über das Geländer und spähte hinab.

Keine Spur von Joe.

Das Geschrei kam von dieser Frau, die immer noch am Fenster stand. „Polizei! Ich ruf die Polizei!"

Brösmel wurde von Panik erfasst. Sie hatte alles gesehen! Er würde im Gefängnis landen!

„Hiii… hiiiiiielfeeee!"

Es war mehr ein Gurgeln als ein Schrei.

Brösmel sauste auf die andere Seite der Brücke. Tatsächlich. Dort unten strampelte Joe verzweifelt mit Armen und Beinen.

Als er wieder untertauchte, begriff Brösmel.

Er kann nicht schwimmen! Joe, dieses Großmaul, kann nicht schwimmen!

Es war ein Reflex. Ohne nachzudenken, schwang er sich über das Geländer und sprang hinunter.

Das Wasser war gar nicht so kalt, aber es war trotzdem ein Schock, als er darin eintauchte. Seine Kleider schienen plötzlich eine Tonne zu wiegen, und das hier war jetzt völlig anders, als im Kappisee zu plantschen. Hektisch sah er sich um.

Da, ein paar Meter vor ihm tauchte Joes Kopf wieder auf. Mit ein paar kräftigen Schwimmzügen hatte er ihn eingeholt, und er packte ihn am Kragen. Joe spuckte ihm das Wasser, das er geschluckt hatte, direkt ins Gesicht. Und nicht nur das, sondern die schlimmsten Flüche und Verwünschungen, die Brösmel je gehört hatte. Dazu Drohungen, auf welche Weise er ihn umbringen würde, sobald er wieder Boden unter den Füssen hatte.

Brösmel hörte sich das alles an, während sie aneinandergeklammert Richtung Wehr schaukelten.

„Du elender Loser!"

Das war zu viel. Brösmel riss sich von Joe los und schob ihn von sich weg.

Ungläubig und mit weit aufgerissenen Augen starrte Joe ihn an.

„Wer ist jetzt der Loser?", sagte Brösmel und beobachtete schwimmend, wie Joe wieder versank. Er tauchte noch einmal hektisch mit den Armen rudernd auf, bevor er ihn endgültig aus den Augen verlor.

„Du! Du bist der Loser.“

Brösmel schwamm ans Ufer und kauerte sich zitternd auf die glitschigen Steine. In seinem Kopf herrschte ein Durcheinander, wie er es seit dem Tod seiner Großmutter nicht mehr erlebt hatte. Nur mit dem Unterschied, dass er nicht traurig war. Nein, traurig war er nicht, aber er hatte Angst. Die durchnässten Geldscheine in seiner Hosentasche wogen schwer wie ein Ziegelstein.

War er jetzt ein Mörder? Würde er nun für den Rest seines Lebens im Gefängnis sitzen? Oder, schlimmer noch, in eine Anstalt gesperrt werden, zusammen mit lauter verrückten Losern? Seine Großmutter würde sich im Grab umdrehen.

Nun musste er doch weinen.

Als die Nacht um ihn erhellt wurde von den blau flackernden Lichtern der Polizeiautos und der Ambulanz, heulte er wie ein Hund vor Verzweiflung.

„Da! Das ist er!“, rief eine Frauenstimme. „Ich habe es genau gesehen!“

Brösmels Herz verwandelte sich in einen kalten Stein. Er wurde an den Armen gepackt und ließ sich willenlos auf die Straße führen. Irgendjemand drückte ihn auf eine Liege. Durch die Tränen in seinen Augen konnte er kaum etwas erkennen. Aber hören, hören konnte er gut, und sein Herzschlag verlangsamte sich.

„Er ist diesem Selbstmörder einfach hinterhergesprungen! Er hat alles versucht, um ihn zu retten! Mein Gott, ich musste alles mit ansehen! Und dabei ist er fast noch selbst umgekommen! Dieser junge Mann ist ein Held.“

Brösmel riss die Augen auf und konnte gerade noch sehen, wie die alte Dame im Morgenrock ihm schelmisch zublinzelte, bevor sie von einem Polizisten zur Seite geschoben wurde.

Das Dienstmädchen

Wenn die Schurken dieser Welt alle wüssten, welche Kunstschätze in der Villa Langmatt gehütet werden, würden sich sicher einige von ihnen Gedanken machen. Vor allem über die wertvollen Bilder der Impressionisten wie Renoir, Cézanne und ... – vielleicht sollte ich das besser gar nicht so laut herausposaunen.

Nein, ernsthaft. Selbst wenn Sie sich nicht für Malerei und Antiquitäten interessieren, statten Sie diesem wunderschönen Anwesen doch einmal einen Besuch ab. Das Jahresprogramm ist vielfältig, und selbst Kinder haben bei der Jagd nach Ostereiern oder beim Picknick im Park ihren Spaß.

Die Villa blickt auf eine beeindruckende Geschichte zurück, seine damaligen Besitzer hatten einen maßgeblichen Einfluss auf die Entwicklung der Stadt und ihrer Bewohner.

Alles über die Familie Brown erfahren Sie bei Ihrem Besuch. Aber niemand wird Ihnen etwas über das Dienstmädchen erzählen.

Esther, ihr Name war Esther ...

Der Herr steh uns bei!

Die Küchenhilfe Maria schüttelte den Kopf, als sie Esther bemerkte, die zur Salzsäule erstarrt im Entree stand und die Wand anstarrte.

Totenblass und mit zitternder Unterlippe.

Die Küchenhilfe kannte das schon, denn diese Szene wiederholte sich seit ein paar Wochen jeden Morgen. Und sie wusste auch, wie es weitergehen würde. Esther würde wieder mit Tränen in den Augen behaupten, dass die mit Intarsien geschmückte Kommode verschwunden sei. Anfangs hatte sie noch das gesamte Personal beschuldigt, und es hatte einen mächtigen Aufruhr gegeben.

Denn die Kommode stand da.

Da, wo sie immer gestanden hatte, soweit sich die Küchenhilfe erinnern konnte. Direkt unter dem Bild von diesem Renoir, einem französischen Maler. Das Porträt eines blonden Mädchens war nur eines von vielen Kunstwerken, die die Browns von ihren Reisen mitgebracht hatten.

Das Bild hing da, und die Kommode stand da, aber Esther konnte beides nicht sehen. Bis es der Köchin an jenem Tag zu bunt geworden war. Sie hatte Esthers Hand gepackt und ziemlich unsanft auf das polierte Holz gedrückt.

Esther hatte einen überraschten Schrei ausgestoßen und die Hand zurückgezogen, als hätte sie eine glühende Herdplatte berührt. Völlig verwirrt und fassungslos hatte sie die Köchin angestarrt, und dann war sie weinend geflüchtet.

Seither hatte Esther niemanden mehr beschuldigt, aber trotzdem stand sie fast jeden Morgen da.

Man konnte sehen, dass sie fast verzweifelte, aber niemand sprach sie mehr an. Abgesehen von ihrem seltsamen Verhalten, das bald nach diesem überbordenden Fasnachtsball unten in den Bädern begonnen hatte, war Esther ein tüchtiges Mädchen.

Und ausgesprochen hübsch, dieser Renoir hätte sie sicher gerne gemalt, wenn er sie jemals gesehen hätte. Ja, Esther war ein Bild von einem Mädchen, das jüngste von acht Kindern. Eine Nachzüglerin, die man irgendwo hatte unterbringen müssen. Die Eltern waren froh und dankbar gewesen, dass Esther diese Anstellung in der Villa Langmatt bekommen hatte. Denn dies war ein besonderer Ort, eine Ehre – und es war stadtbekannt, dass Frau Jenny Brown ganz außergewöhnlich gut für ihr Personal sorgte.

Und Esther konnte noch etwas lernen. Vor allem den Umgang mit anderen Menschen. Denn Esther redete kaum. Sie war extrem schüchtern und sich ihrer Wirkung – vor allem auf das andere Geschlecht – überhaupt nicht bewusst. Man hätte neidisch werden können auf das, was passierte, wenn Esther einen Raum betrat. Die männlichen

Gäste der Familie Brown, die ihr zum ersten Mal begegneten, stolperten fast über ihre eigenen Füße.

Aber Esthers Verhalten gab nie einen Grund für Redereien oder Beanstandungen. Erst seit diesem Ball.

Die Küchenhilfe seufzte und ging wortlos an Esther vorbei. Sie hätte auch nicht recht gewusst, was sie zu ihr sagen sollte, außerdem hatte sie es eilig.

Heute Nachmittag würden die Herrschaften aus Paris zurückkehren, und die Köchin wollte sie mit ihren Lieblingsspeisen willkommen heißen. Das Fleisch war schon geliefert worden, aber es fehlten noch ein paar Kleinigkeiten, deshalb musste Maria noch schnell in die Stadt.

Esther zuckte zusammen, als hinter ihr die Tür mit einem lauten Knall ins Schloss fiel. Mit zitternden Fingern fuhr sie sich über die Augen, und dann stand sie plötzlich wieder da.

Die Kommode.

Esthers Herz pochte laut in ihren Ohren. Schweißperlen standen auf ihrer Oberlippe, als sie sich auf den Weg in die Bibliothek machte. Denn die Kommode war nicht das Einzige, was hier seit ein paar Wochen verschwand und unverhofft wiederauftauchte. Bilder, Bücher, Vasen, Möbelstücke, alles schien sich in diesem Haus plötzlich zu bewegen. Zu verschieben, als wolle man sie verspotten und in die Verzweiflung treiben.

Wenn Esther am frühen Morgen mit ihrer Arbeit begann, wusste sie nie, was sie antreffen würde. Den größten Schock hatte sie erlitten, als die Küche verschwunden war. Sie hatte die Türe geöffnet und laut geschrien.

Einer Ohnmacht nahe hatte sie sich an der Türklinke festgeklammert.

Der Raum war noch da, das schon, aber alles, was darin gewesen war, war fort. Stattdessen standen darin fremde Möbel, die sie noch nie gesehen hatte. Auf einem weißen Pult lagen Papiere und Kataloge, und in einer Ecke summte ein seltsames Gerät. Sie schlug die Tür wieder zu und versuchte, sich zu sammeln. Den Schrecken niederzuringen, der ihr Herz rasen ließ.

Ich habe mich in der Tür geirrt, hatte sie gedacht und versucht, sich mit diesem Gedanken zu beruhigen. Aber es half nichts. Sie kannte jeden Winkel in der Villa und wusste mit absoluter Sicherheit, dass sie direkt vor der Küche stand. Als sie Marias Stimme hörte, die lautstark mit der Köchin diskutierte, fasste sie sich ein Herz und öffnete die Tür.

Und alles war, wie es sein musste.

Esther konnte mit keinem Menschen darüber reden. Denn außer ihr fiel niemanden etwas auf.

Auch nicht, dass manche Dinge gar nicht wiederauftauchten. Vor allem Bilder und Kleidungsstücke. Aber das, wovor sie am Anfang die größte Angst gehabt hatte, dass man sie des Diebstahls bezichtigen könnte, war nicht eingetreten. Für alle anderen, schien alles in Ordnung zu sein.

Ich habe den Verstand verloren.

Das war die einzige Erklärung, die Esther hatte. Ich bin verrückt geworden, und wenn ich nicht schweige, wird man mich einsperren.

Mich und mein ungeborenes Kind.

Esther wusste nicht, was schlimmer war. Verrückt zu sein oder ein uneheliches Kind zur Welt zu bringen. Beides würde sich nun nicht mehr lange verbergen lassen. Ihre Eltern, die Herrschaft und der Herr Pfarrer, ja, die ganze Stadt, alle würden sie und ihre Schande verdammen. Ihre Verzweiflung wuchs mit jedem Tag, so wie ihr Bäuchlein, während ihr Verstand anscheinend mehr und mehr verkümmerte.

Aber sie machte weiterhin still ihre Arbeit. An diesem Morgen in der Bibliothek. Als sie noch die letzte Bücherreihe abstauben wollte, wurde ihr übel, und sie hastete nach draußen.

Gott sei Dank hielt sich gerade niemand im Park auf, der sie fragen würde, was mit ihr los war. So totenblass und am ganzen Leib zitternd. Esther beschloss, ein paar Schritte an der frischen Luft zu machen, in der Hoffnung, dass niemand aus dem Fenster blickte und sich wunderte.

Als sie sich soweit gefangen hatte, dass sie ihre Umgebung wieder richtig wahrnehmen konnte, traf sie fast der Schlag.

Der Park! Der Garten! Was ist passiert?

Sie starrte die Bäume an, die wie durch Zauberei über Nacht eine Größe erreicht hatten, die vollkommen unmöglich war.

Die Blumenbeete waren nicht mehr an denselben Stellen.

Und die Pflanzen darin? Wo kamen diese Sommerblumen her?

Esther ballte die Fäuste, ihre Fingernägel gruben sich tief in ihre Handflächen. Der Schweiß tränkte ihr Unterkleid, es fühlte sich an, als wäre sie ins Wasser gefallen.

Sie kippte seitwärts auf den Rasen.

„Sieh hin, mein Kind!"

Die Stimme war dicht an Esthers Ohr.

Sie klang freundlich und voller Mitgefühl. Esther öffnete die Augen. Das Gesicht einer Frau, so fein wie ein Nebelschleier, schwebte über ihrem Kopf.

Ein Geist, dachte Esther, das muss ein Geist sein. Seltsamerweise verspürte sie keine Angst. Und dann erkannte sie ihre Großmutter, die vor langer Zeit gestorben war.

„Du musst hinsehen. Schau dich um. Das ist heute. Du musst es endlich akzeptieren. Lass los."

Esther setzte sich auf. Der zarte Schleier hatte sich aufgelöst, und der Park der Villa war in helles Sonnenlicht getaucht. Auf dem Rasen und unter den Bäumen saßen viele Leute in Gruppen zusammen. Kinder tollten umher. Es war ein Gewimmel, wie sie es hier noch nie gesehen hatte. Die Frauen trugen kurze Hosen und luftige Kleider, die Esther die Schamesröte ins Gesicht trieben.

Benommen richtete sie sich auf und ging auf zwei junge Frauen zu, die sich auf einer karierten Decke niedergelassen hatten. Zwischen ihnen stand ein Korb, aus dem sie Teller und Gläser nahmen und allerlei Köstlichkeiten. Esther sank fassungslos neben ihnen auf die Knie.

„Schon cool, dieses Picknick im Park", sagte eine der jungen Frauen und schob sich ein Stückchen Käse in den Mund. „Ich bin froh, dass du mich dazu überredet hast."

„Ja, es ist wirklich toll, was diese Leute von der Stiftung Langmatt alles auf die Beine stellen", erwiderte die Frau mit der glänzend roten Lockenpracht. „Und nachher machen wir noch einen Rundgang durchs Haus. Wenn du schon mal hier bist, musst du dir das anschauen! Von den Bildern siehst du ja heute nur einen Teil. Ich sage dir, hier in Baden werden Schätze gehütet! Kunstwerke, die du so nirgends auf der Welt siehst."

„Und das in so einer Kleinstadt ... Versuch mal von diesem Käse."

Esther konnte den Blick nicht von den beiden Frauen wenden. Und sie schienen sich überhaupt nicht daran zu stören, dass sie so dicht neben ihnen saß und ihnen zuhörte.

„Jetzt muss ich dir noch etwas Seltsames erzählen", sagte die Rothaarige und schenkte sich verschwörerisch blinzelnd Wein nach.

„Ach, ich liebe seltsame Geschichten!"

„Also meine Großmutter hat mir das erzählt, als ich noch ein Kind war. Die hatten hier mal ein Dienstmädchen. Und das ist schwanger geworden. Von so einem Burschen, der vor der Geburt auf Nimmerwiedersehen verschwunden ist."

„Soll es geben."

„Ja schon. Aber unehelich! Schwanger! Überleg doch mal, wie das früher war."

„Meine Güte, das will ich mir gar nicht vorstellen. Und weiter?"

„Sie hat sich umgebracht. Erhängt. Hier im Park."

„Jetzt hör aber auf! Du machst doch Witze?"

„Also meine Großmutter hat das erzählt."

„Gott, die Arme. Bin ich froh, dass diese Zeiten vorbei sind. Na, wenigstens bei uns. Obwohl, so eine ungewollte Schwangerschaft ist ja auch heute noch …“

„Man sagt, dass sie immer noch hier ist.“

„Ach komm schon. Ihr Geist oder was?“

„Ja. Ihr Name war Esther.“

Die tollen Tage

Mögen Sie die Fasnacht? Besitzen Sie einen ganzen Schrank voller Kostüme? Spielen Sie vielleicht sogar ein Instrument und ziehen während dieser Zeit ausgelassen mit einer Gruppe durch die Gassen?

Oder gehören Sie zu den Menschen, die schon beim Anblick eines einzelnen Konfettis die Flucht ergreifen?

In Baden lautet ja das Motto: „Badener Fasnacht – verdächtig gut!“

Und das ist richtig, denn es gibt da eine Person, die sich tatsächlich ziemlich verdächtig verhält …

Mirko S. kam es so vor, als spielte sich alles in Zeitlupe ab. Die Leiter, auf der er balancierte, knackte und knirschte bedrohlich.

Noch während er innerlich seinen Schwager verfluchte, der ihm dieses morsche Ding großzügig überlassen hatte, gab es einen Knall, und unter ihm splitterte das Holz. Mirko versuchte sich noch an der Vorhangstange festzuhalten, aber die hatte andere Pläne.

Und so kippte er, sie in den Händen haltend wie ein Seiltänzer seine Balancierstange, unaufhaltsam rückwärts.

Bei seiner unsanften Landung konnte er ganz unterschiedliche Dinge spüren, die sich ihm schmerzhaft in den Rücken bohrten. Holzteile, einen Gummireifen und Haarnadeln.

Die Haarnadeln gehörten zum Dutt auf Frau Wermers Kopf. Und dieser Kopf befand sich nun ebenfalls unter ihm.

Mirko wagte es fast nicht zu atmen. Er lag erstarrt auf dem Trümmerhaufen, den er im Bruchteil einer Sekunde fabriziert hatte. Und ganz unten lag die alte Frau, in ihrem auf die Seite gekippten Rollstuhl.

„Frau Wermer?“, kiekste er.

Nichts, keine Antwort.

Zappelnd befreite er sich von den Resten der Leiter und richtete sich auf. Die Frau lag mit geschlossenen Augen da und rührte sich nicht. Mirko tätschelte vorsichtig ihre faltige Wange.

„Hallo? Hallo, Frau Wermer, sind Sie tot?“

Nichts, nicht das geringste Anzeichen, dass sie noch lebte.

Ich hab sie getötet, oh Gott, ich hab sie umgebracht!

Kreidebleich und einer Ohnmacht nahe ließ er sich in den abgewetzten Sessel fallen.

Ich muss einen Arzt rufen! Die Polizei! Ich muss … auf gar keinen Fall!

Nein, das konnte Mirko nicht tun. Denn wer würde ihm das hier glauben? Wer würde überhaupt glauben, dass er einer ehrlichen Arbeit nachgegangen war? Also, besser gesagt, es versucht hatte.

Nachdem er schon mehrmals wegen Einbruchs und Betrügereien im Gefängnis gesessen hatte, würde der Richter vermutlich einen Lachkrampf bekommen, wenn er ihm die Geschichte erzählte.

Und er konnte nicht beweisen, dass Frau Wermer tatsächlich seine Kundin war. Die Einzige, die auf seine Werbung reagiert hatte, die er in ganz Dättwil in die Briefkästen geworfen hatte. Mirko wollte sich selbständig machen, als Mann für alle Fälle. Boten- und Fahrdienst, kleinere Reparaturen und im Sommer vielleicht noch etwas Gartenarbeit.

Und jetzt hatte er seine allererste Kundin umgebracht.

Ich hätte wenigstens Vorauszahlung verlangen sollen, dachte er frustriert. Was soll ich jetzt nur tun?

Während er den Rollstuhl aufrichtete und Frau Wermer so darin positionierte, dass sie nicht herausfallen konnte, überlegte er fieberhaft.

Auf keinen Fall durfte man sie hier in der Wohnung finden. Denn selbst, wenn er alles aufräumte und seine Spuren verwischte, man würde trotzdem etwas finden, das zu ihm führte.

Sie finden immer etwas! Diese leidvolle Erfahrung hatte Mirko oft genug gemacht.

Während er versuchte, Ordnung zu schaffen, kam ihm die rettende Idee.

Fasnacht!

Es war Fasnacht, und was machen die Leute da? Sie maskieren sich. Wenn er Frau Wermer schön herausputzte und sich selbst ebenfalls verkleidete, konnte er sie problemlos ins Stadtzentrum karren und irgendwo im Getümmel einfach stehen lassen.

Elektrisiert von seinem genialen Einfall, machte er sich auf den Weg. Im Warenhaus kaufte er von seinem letzten Bargeld Masken, Schminke, Kostüme und allerlei Kleinigkeiten, die nützlich für eine glaubwürdige Maskerade sein könnten. Das Auto ließ er in der Stadt stehen und fuhr mit dem Bus zurück.

Allerdings stieg er schon beim Dättwiler Weiher aus und ging den Rest zu Fuß zu Frau Wermers Haus.

Schade, dass das nicht schon am Donnerstag passiert ist, sinnierte er, dann hätte ich sie vielleicht im Graben unter dem Scheiterhaufen verstecken können.

Am schmutzigen Donnerstag fand unter der Hochbrücke jedes Jahr eine Gerichtsverhandlung statt, und so sehr sich die Verteidigung auch bemühte, am Ende fällte das hohe Gericht immer ein Todesurteil. Und der Füdlibürger, ein in der Stadt gefürchteter Unhold, wurde verbrannt. Ziemlich sicher hätte niemand bemerkt, dass die Puppe diesmal Gesellschaft hatte.

Mirko war überzeugt davon, jedenfalls beinahe, aber es nützte sowieso nichts mehr. Der Scheiterhaufen war an diesem späten Samstagnachmittag längst erloschen.

Er schlüpfte ungesehen von der Nachbarschaft ins Haus, und dann hatte er zu tun. Eine ganze Menge zu tun.

Er hatte sich als Großvater verkleidet, mit Gilet, Taschenuhr und einem albernen Hut. Die schwarzen Haare hatte sich Mirko mit einem Spray grau gefärbt, und im Gesicht hatte er weiße Schminke aufgetragen, in die er jede Menge Falten gemalt hatte. Zur Sicherheit trug er noch eine Halbmaske, unter der gerade noch sein Kinn hervorlugte.

Jetzt stand er mit Frau Wermer im Rollstuhl an der Bushaltestelle. Sie sah richtig gut aus, und Mirko war fast ein wenig stolz auf sein Werk. Sie trug eine bunte Rüschenbluse, durch die er Kabelbinder gefädelt hatte, damit ihr Oberkörper nicht nach vorne kippen konnte. Ihre Beine waren von einem langen, schwarzen Rock bedeckt, und über ihre Knie hatte er die rote Sofadecke aus ihrem Wohnzimmer gelegt.

Das absolute Meisterwerk war jedoch, wie er sie geschminkt hatte. Er hatte einfach die Altersspuren noch etwas mehr herausgearbeitet, so dass sie schon wieder unecht wirkten. Die ohnehin grauen Haare dick mit weißer Farbe eingesprüht und auf ihren Kopf ein keckes Hütchen mit einer Feder gesetzt. Die schwarze Maske, die über ihrem Gesicht hing, war aus dem gleichen Spitzenstoff gemacht wie die Handschuhe, die sie trug.

„Sie sehen echt gut aus, Frau Wermer", sagte er.

Zischend öffneten sich die Bustüren, und er schob sie hinein.

„Haben Sie Fasnachtsplaketten?", rief der Fahrer fröhlich nach hinten.

„Äh, nein", stotterte Mirko.

„Dann müssen Sie zahlen, sonst hätten Sie gratis fahren können."

Der Bus fuhr los, und Mirko versuchte sich auf den Beinen zu halten, während er das nötige Kleingeld in den Automaten schob.

Frau Wermer rollte inzwischen Richtung Fahrer.

Himmel, ich habe die Bremse nicht …

Mirko ließ das Retourgeld liegen und taumelte dem Rollstuhl hinterher. Im letzten Moment konnte er den Griff packen, sonst wäre Frau Wermer wahrscheinlich durch die Frontscheibe gesegelt.

„Wohl schon gut in Stimmung, was?“, knurrte der Fahrer.

Mirko zerrte den Rollstuhl hastig zurück bis in die Mitte des Fahrzeugs.

Das fehlte noch. Jetzt ein dämlicher Unfall mit Krankenwagen und Polizei!

Schwitzend ließ er sich auf einen Sitz fallen und klammerte sich am Rollstuhl fest.

„Schön hiergeblieben, Frau Wermer“, murmelte Mirko mit klopfendem Herzen.

Er zuckte zusammen, als ihm eine junge Frau auf die Schulter tippte.

„Megacool, eure Verkleidung! Wirkt total echt! Super.“ Sie war als Harlekin unterwegs.

„Das … das ist meine Großmutter.“ Mirko war ganz bezaubert von ihrem Lächeln.

„Schon klar!“, tönte der Clown, der wie aus dem Nichts hinter dem Harlekinmädchen aufgetaucht war. „Bestimmt deine Freundin und noch keine zwanzig. Voll der Hammer, wie die da durch den Bus gebrettert ist!“

„Normalerweise fährt sie Rollerblades“, sagte Mirko achselzuckend.

„Hat sie ihre Zähne noch?“ Der Clown wieherte vor Lachen. Mirko hatte keine Ahnung, und genau das rief einen Lachkrampf hervor.

„Aber klar doch“, japste er schließlich.

„Kommt ihr mit zu den Guggenkonzerten auf den Schlossbergplatz?“, fragte das Mädchen.

Mirko überlegte kurz. Das Mädchen gefiel ihm außerordentlich, und es wäre wirklich schade, sie in der Menge zu verlieren. Ja, wieso eigentlich nicht?

„Ja klar, genau dahin wollten wir auch. Stimmt's?“ Er gab Frau Wermer einen Klaps auf die Schulter, und sie wackelte zustimmend mit dem Kopf.

Beim Lindenplatz stiegen sie aus und schlängelten sich mit dem Rollstuhl quer über die mehrspurige Fahrbahn. Keiner der Autofahrer hupte, und Mirko verstand plötzlich die Bedeutung des Ausdrucks „Narrenfreiheit“.

Schon von weitem hörten sie die schrägen Töne. Auf der Bühne des Cordulaplatz standen die prächtig kostümierten Mitglieder einer Guggenformation dicht gedrängt zusammen und tröteten sich fast die Seele aus dem Leib.

Mitten in der Menge der begeisterten Zuschauer blieben sie stecken. Es ging nicht mehr vor und auch nicht zurück.

„Die sind suuuuper!“, schrie das Harlekinmädchen ihm zu und wippte im Takt der Trommeln.

Mirkos Körper bewegte sich plötzlich von ganz allein. Bisher hatte er mit Fasnacht nichts am Hut gehabt. Er hatte immer einen Bogen um die

Innenstadt gemacht, kaum, dass man die bunte Dekoration in den Straßen aufgehängt hatte.

Das war heute eine Premiere für ihn. Und irgendwie gefiel es ihm. Er warf einen besorgten Blick auf Frau Wermer, aber eingekeilt in der wogenden Menge konnte sie gar nicht umkippen.

Und wenn er es nicht besser gewusst hätte ..., es machte fast den Anschein, als ob Frau Wermer mitschunkelte.

„Hier!“, brüllte ihm der Clown ins Ohr und hielt Mirko ein Bier unter die Nase. Er hatte sich, ein wenig die Ellenbogen gebrauchend, in die Bodega-Bar gequetscht und Getränke organisiert. Mirko konnte gerade noch dazwischengehen, als er Frau Wermer ein Bier entgegenstreckte.

„Sie trinkt nicht ..., äh ... also sie ist auf Diät! Winterspeck und so ...“, stotterte er.

„Weiber! Schön blöd!“ Der Clown zuckte nur die Achseln.

Puh. Mirko schwitzte unter seiner Schminke. Irgendwann würde die Sache auffliegen, und er musste Frau Wermer jetzt dringend loswerden. Hier konnte er sie aber nicht mehr stehen lassen, seine neuen Bekanntschaften würden sich ...

Auf der Bühne hatte ein Wechsel stattgefunden, und jetzt fetzte es richtig.

„Das sind Salz und Pfäffer! Kennst du die?“ Das Harlekinmädchen war nicht mehr zu halten und tanzte wie wild auf dem winzigen Platz, der ihr in der Menge zur Verfügung stand.

Also gut, dachte Mirko, der die Beine ebenfalls nicht mehr stillhalten konnte. Noch so ein, zwei Stücke höre ich mir jetzt noch an, und dann haue ich ab.

„Dann hauen wir ab", flüsterte er Frau Wermer ins Ohr. Der Rollstuhl schaukelte bedrohlich hin und her.

Mirko versuchte, zu sich zu kommen. Sein Kopf dröhnte, und seine Ohren klingelten. Verwirrt richtete er sich auf. Er war auf einer Holzbank eingeschlafen. Entsetzt riss er die Augen auf und starrte auf den Platz vor dem offenen Eingang. Jetzt begriff er, wo er gelandet war. Das war die Holzhütte, die über den Winter auf dem unteren Bahnhofplatz stand. Ein Treffpunkt und Unterschlupf für Menschen, die ein Leben am Rande der Gesellschaft führen.

„Aus Freude am Menschen", stand auf einer der Außenwände, daran erinnerte er sich plötzlich.

Aber sonst … Wo war er die ganze Nacht gewesen? Was zum Kuckuck hatte er …

Bilder tauchten auf. Völlig verrückte Bilder. Er war mit Frau Wermer durch die Straßen gezogen, hatte Bier getrunken, Bratwurst und Knoblauchbrot gegessen, getanzt und sich gekringelt vor Lachen, in einem Restaurant beim Vortrag einer Gruppe Schnitzelbänkler.

Restaurant? Wo … wie … Im Hotel Linde.

Gütiger Gott! Sie hatten den Rollstuhl in den Lift gequetscht und waren ins Restaurant in den ersten Stock gefahren und …

Der Schädel wollte ihm fast platzen. Mit einem Satz sprang er auf.

Frau Wermer! Wo ist Frau Wermer?

Er stürzte ins Freie, und da war sie. Saß unversehrt in ihrem Rollstuhl mitten auf dem Platz. Ungläubig starrte er sie an.

Irgendjemand hatte um die Speichen bunte Luftschlangen gewickelt. An den Griffen hing eine Kette leerer Dosen, und ihr Hut war gespickt mit farbigen Federn. Von weitem sah sie aus wie ein gerupfter Hahn.

Aber das Schlimmste war, dass auf ihrer Brust etwas klebte.

Eine Nummer.

Eine Startnummer.

Mirko rang die Hände. Was zur Hölle …

„Also los jetzt! Reiht euch ein! Gleich startet der Umzug!“ Der Mann im schwarz-gelben Kostüm gehörte zur Spanischbrödli Zunft. Zum Komitee, und heute war es seine Aufgabe, die Teilnehmer des Umzugs auf Trab zu bringen.

„Ich …, nein, ich …, also wir …“ Mirko fühlte sich in einem Albtraum gefangen.

Ich muss …, muss jetzt sofort ….

Ja was bloß?

Er wusste es nicht, und ehe er es sich versah, schob er Frau Wermer durch Badens Straßen. Hinter sich Ross und Wagen, vor sich eine Guggenformation, die ihm im wahrsten Sinne des Wortes den Marsch blies.

Als sie vor dem Jurywagen halten mussten, bekam er die Kommentare nur bruchstückhaft mit. Wie durch Watte hörte er den Zunftmeister.

„Originell … Badener Fasnacht … Petrus ist uns … schön zu sehen, dass der Großvater mit der Großmutter … wo habt ihr denn heute die Enkel gelassen …“

Mirko hätte sich am liebsten auf Frau Wermers Schoß gesetzt. Er war am Ende seiner Kräfte, und es wäre ihm tatsächlich recht gewesen, wenn der ganze Schwindel aufgeflogen und er verhaftet worden wäre. Im Moment konnte er sich nichts Schöneres vorstellen, als sich irgendwo hinzulegen und mindestens zwei Tage und Nächte zu schlafen. Selbst wenn es in einer Zelle wäre.

Endlich bewegte sich der Tross weiter, und er schlurfte vorwärts. Wenn er sich nicht am Rollstuhl hätte festhalten können, wäre Mirko der Länge nach hingeschlagen.

Schließlich war es vorbei. Der Umzug löste sich auf.

Mirko schlotterten die Knie, und er überlegte fieberhaft.

Wo sollte er Frau Wermer jetzt stehen lassen? Vielleicht in der reformierten Kirche? Dort hatte vor ein paar Stunden noch ein Fasnachts Gottesdienst stattgefunden. Oder irgendwo in der Passage des Metroshops? Dort würde es Stunden dauern, bis sie in dem Kommen und Gehen der Fasnächtler auffallen würde.

Fotos!

Es war, als ballte sich eine eiskalte Faust um sein Herz. Das Harlekinmädchen hatte mit seinem Handy Fotos gemacht. Aber konnte man ihn darauf erkennen?

Blinzelnd starrte er auf sein Spiegelbild in der Scheibe der Konditorei Himmel.

Er wirkte ziemlich zerzaust nach dieser Nacht. Aber die Schminke hatte gehalten, seine Haare waren immer noch grau. Die Maske hing zwar etwas schief über dem Gesicht, aber egal. Niemand außer seinem Schwager, diesem Idioten, würde ihn auf den Fotos erkennen.

Und sicherheitshalber würde er sich jetzt ohnehin erst einmal in die Ferien verabschieden. Ins Ausland. Das Geld dafür, würde er wenn nötig aus seinem Schwager herausprügeln. Dieser Trottel und seine wurmstichige Leiter waren ja schließlich schuld an dem ganzen Schlamassel.

Sein Herzschlag beruhigte sich. Also gut, wohin jetzt mit ihr?

„Haben wir einen Preis gewonnen?"

Hätte ihm jemand einen Kübel Eiswasser über den brummenden Kopf gekippt, wäre der Schock nicht größer gewesen.

Wer … wer hat das gesagt?

In der blitzblank geputzten Scheibe, hinter der kunstvoll verzierte Torten die Vorsätze für die Fastenzeit torpedierten, konnte Mirko etwas sehen.

Etwas, das eigentlich völlig unmöglich war.

Frau Wermer hatte den Kopf gehoben und sah zu ihm auf.

Ich bin verrückt geworden! Diese Fasnacht hat mich um den Verstand gebracht!

„Haben wir oder haben wir nicht? Vielleicht einen Trostpreis?"

Sein Nacken knirschte wie ein rostiges Scharnier, als er den Kopf neigte und sie ansah.

Wasserblaue Augen, in denen sich Enttäuschung spiegelte, blickten zu ihm auf.

Das … das … nein … es ist unmöglich …

Während in seinem Kopf die Gedanken Purzelbäume schlugen, machte sein Herz Dinge, die sich gar nicht gut anfühlten. Es versuchte, seinen Brustkorb zu sprengen.

Mirko sackte rückwärts und hielt sich, an die Scheibe gelehnt, mit letzter Kraft auf den Beinen.

„Nun ja", sagte Frau Wermer versöhnlich, „es ist ja gar nicht so schlimm, dass wir keinen Preis bekommen haben."

Dann lächelte sie, und Mirko konnte sehen, dass sie sehr wohl noch Zähne hatte.

„Ich muss sagen, ich hatte seit Jahren keinen solchen Spaß mehr. Aber jetzt bin ich wirklich müde. Könnten Sie mich nun bitte nach Hause bringen?"

Mirkos Herz war es nicht gelungen, aus seiner Brust zu fliehen. Stattdessen stand es einfach still, und Mirko kippte um wie ein gefällter Baum.

„Du meine Güte, können wir Ihnen helfen?" Ein älteres Ehepaar, in Mänteln bunt gesprenkelt vom Konfettiregen, trat neben den Rollstuhl.

„Ja bitte", sagte Frau Wermer trübselig. „Ich habe keine Ahnung, weshalb, aber ich glaube, den jungen Mann hat soeben der Schlag getroffen."

Himmlisch süß

Haben Sie inzwischen Hunger bekommen? Also das ist in Baden ja gar kein Problem. Im Gegenteil! Hier werden wirklich fast alle kulinarischen Wünsche erfüllt. Auf Schritt und Tritt locken Versuchungen ...

Eine Mörderin. Ich!

Das kann nicht sein. Aber er liegt da. Tot.

Ich drücke mich in eine Ecke und beobachte die Menschen auf dem Schlossbergplatz. Sie versuchen herauszufinden, was es mit diesem Krankenwagen auf sich hat, der mit heulender Sirene die Menge geteilt hat wie einst Moses das Meer. Ein paar sind beunruhigt, verängstigt und schon fast auf der Flucht. Viele hingegen sind neugierig und drängeln sich erfreut über die Abwechslung nach vorne, um einen Blick zu erhaschen. Und die ganz Dreisten zücken ihr Handy und filmen – über die Schultern der Sanitäter gebeugt – den leblos am Boden liegenden Körper.

Mein Opfer.

Ich wollte das nicht. Es war ein dummer Zufall. Schicksal – oder wie soll man das nennen?

Ich kenne diesen Mann überhaupt nicht. Aber ich weiß, dass er tot ist, obwohl der junge Arzt immer noch nicht aufgibt und an ihm herumdoktert, als müsse er hier und jetzt ein Examen bestehen.

Exitus. Durchgefallen.

Und schuld daran ist nur meine unstillbare Gier nach Süßem. Egal in welcher Form. Früchte, Konfitüren, Säfte, dieses klebrige Zeugs aus Dosen und vor allem Kuchen. Ja, Kuchen und Gebäck. Ich könnte sterben dafür.

Und jetzt ist dieser Mann gestorben. Wir hatten nur eines gemeinsam.

Pflaumenkuchen.

Mit diesen dunklen, nach dem Backen schon fast schwarzen Früchten auf einem mürben, von Nüssen bedeckten Teigboden und daneben, wie ein Gebirge, die Sahne. Schneeweiß, luftig und leuchtend auf dem Teller.

Zum Sterben schön.

Ich glaube, das sagte ich schon.

Allerdings ist mir gerade die Lust darauf vergangen. Oder doch nicht?

Der Teller steht immer noch auf dem Tisch, vom Kuchen ist mehr als die Hälfte übrig. Von der Sahne, die langsam in der Hitze flüssig wird, nur noch ein Rest. Die Kuchengabel, auf der vor einer halben Stunde noch ein großer Bissen steckte, liegt unter dem Tisch. Das allerdings interessiert mich im Moment herzlich wenig.

Was passiert jetzt?

Der Kellner des Café Moser steht untätig herum und wischt sich zum wahrscheinlich hundertsten Mal über die Stirn, auf der Schweißtropfen glänzen, als hätte es geregnet. Ich vermute, er hat begriffen, dass der Mann tot ist.

Ziemlich unwahrscheinlich, dass er jetzt den Teller abräumt und den Rest des Pflaumenkuchens in die Mülltonne wirft.

Welche Verschwendung das wäre!

Oh, dort drüben! Flink wie ein Weberschiffchen windet sich der kleine Sohn eines Stadtpoeten durch den Wald aus Beinen, die im Halbkreis um den Ort des Geschehens stehen.

Dem Tatort.

Die Augen weit aufgerissen, starrt das Kind auf den reglosen Körper. Der Arzt hat inzwischen eingesehen, dass er nichts mehr tun kann, und räumt seine Tasche wieder ein. Die Sanitäter reden mit den Stadtpolizisten, die versuchen, die Neugierigen zu vertreiben wie lästige Fliegen. Weit hatte es die Stapo diesmal nicht. Vom Posten in der Rathausgasse kurz um die Ecke des Stadtturms gespurtet, also Fahrspesen sind da keine angefallen.

„Was hat der Mann?“ Der kleine Junge sieht sich suchend nach seinem Vater um, der sich mit Mühe in die erste Reihe der Schaulustigen zwängt.

„Nichts!“, keucht der, weil ihm gerade nichts Poetisches einfällt.

„Und wieso steht er dann nicht auf?“

„Er schläft!“, japst der Vater, während er versucht, seinen Sprössling einzufangen. Das Kind duckt sich routiniert unter seinen Händen, und sein Erzeuger greift ins Leere.

„Boah!“ Der Junge ist fasziniert. Aus eigener Erfahrung weiß er, dass man eigentlich überall einschlafen kann. Am Tisch, im Auto, im Bus, im Einkaufswagen, auf der Toilette, im Garten, im Zoo, mit vollem Mund oder mitten im Gespräch. Wenn die Müdigkeit kommt, wackelt der Kopf, und die Augenlider kennen nur noch eine Richtung. Nach unten.

Aber das hier! Hier auf dem Boden, zwischen den Tischen und Stühlen, während alle zuschauen. Und erst noch als Erwachsener!

Während der Junge über diese außergewöhnliche Tatsache sinniert, schlingt sich der Arm seines Vaters um seine Taille.

„Wir wollten doch noch Vollkornbrötchen kaufen.“

Vollkornbrötchen! Wenn ich das schon höre.

Das Kind scheint ebenso wenig begeistert wie ich, aber es wird in die Luft gehoben wie eine Puppe und von seinem Vater in den Laden getragen. Anstehen müssen sie nicht. Außer einer Verkäuferin, die nervös blinzelnd hinter dem Tresen steht, sind alle draußen und verfolgen das Geschehen.

Tuscheln und sehen sich um.

Mir wird mulmig, und ich krieche noch tiefer in den Schatten. Es wäre gar nicht gut, wenn mich jetzt jemand entdeckt.

Dabei bin ich unschuldig. Ich wollte das nicht! Aber wer wird mir das jetzt glauben?

Ich kann es ja selbst nicht fassen. Heute früh habe ich mich gut gelaunt auf den Weg gemacht. Spätsommer, fast schon Herbst und herrliches Wetter. Ziemlich heiß für diese Jahreszeit, aber das macht mir nichts aus. Ich hatte einen genauen Plan. Ich würde mich nicht aufhalten lassen. Durch nichts und niemanden. Obwohl ich genau wusste, dass die Verlockungen auf meinem Weg mir fast den Verstand rauben würden.

Baden mag zwar eine Kleinstadt sein, aber die kulinarischen Genüsse haben Weltformat. Gerade in dieser Jahreszeit wabern Düfte durch die Straßen und Gassen, die mich in schiere Verzweiflung stürzen.

Nach einer Runde durch den Kurpark, wo schon ein paar vorwitzige Kastanien im Gras lagen, erreichte ich den Brunnen auf dem Bahnhofplatz. Eine Meute kreischender Kinder bespritzte sich gegenseitig, und ein Labrador zerrte hechelnd und schwanzwedelnd an der Leine. Er wollte unbedingt mitspielen.

Mir war dieses Getümmel zu viel, und ich setzte mich an einen Tisch vor dem Café Himmel. Ich musterte einen Eisbecher, der am Nebentisch serviert wurde. Meringue mit Vermicelles.

Meine Güte, die sind aber früh dran dieses Jahr!

Ich wollte noch nicht an den Herbst denken. Keine gute Zeit für mich. Also begnügte ich mich mit einem Orangensaft und zog weiter durch die Badstraße. Sommerausverkauf in allen Geschäften und in den Schaufenstern schon die Wintermode.

Nein, bitte nicht!

Ich zögerte kurz. Beim Theaterplatz hätte ich sicher noch einen Tisch vor dem Restaurant Piazza gefunden. Warmes Schokoküchlein im Glas!

Nein, man muss auch einmal eine Entscheidung treffen.

Wie erwartet musste ich beim Schlossbergplatz die Schlange umrunden, die sich vor dem Wurststand gebildet hatte.

Ach, wie das immer duftet!

Nein. Heute kein Fleisch.

Endlich angekommen. Ich ließ mich an einem Tisch vor dem Café Moser nieder, auf dem schon ein Teller mit Pflaumenkuchen stand.

Und da nahm das Unheil seinen Lauf.

Der Mann, ein sonnengebräunter, sympathischer Kerl mittleren Alters, stach mit der Gabel in den Kuchen, als wolle er ihn ermorden. Mit Schwung spießte er ein großes Stück auf, ertränkte es in der Sahne, und schon war es in seinem Mund verschwunden.

Er war genauso gierig wie ich, und es würde keine drei Minuten dauern, bis die ganze Pracht verschlungen war.

Ich schob mich etwas näher, was mir einen irritierten, unfreundlichen Blick einbrachte.

Geizhals!

Beleidigt zog ich mich ein Stück zurück. Er zerkaute noch einen ansehnlichen Happen. Ich konnte gar nicht mehr hinsehen! Bald würde für mich nichts mehr übrig sein.

Als er wieder zu griff, brannten bei mir alle Sicherungen durch.

Ich stürzte los, taumelte auf ein Stück Pflaume und wollte zubeißen. Ohne mein Zutun fand ich mich plötzlich in der Luft wieder und wollte die Flucht ergreifen, aber meine Beine klebten in einer zuckrigen Masse fest.

Dann dieser entsetzliche Anblick!

Vor mir öffnete sich ein dunkler Schlund, und scheinbar in Lichtgeschwindigkeit wurde ich, auf dem Kuchenstück sitzend, hineingeschoben.

Wie gesagt.

Ich wollte das nicht, aber es blieb mir nichts anderes übrig.

Ich stach zu.

Was dann geschah, weiß ich nicht mehr so genau. Ich wurde ausgespuckt, sah wieder Tageslicht und purzelte mit verklebten Flügeln zurück auf den Tisch, auf den es Kuchenbröckchen regnete. Als ich mich einigermaßen geputzt hatte und in diese Ecke retten konnte, lag der Mann schon reglos auf dem Boden, und der Aufruhr begann.

Jetzt ist er weg, und die Menge hat sich zerstreut. Der Teller steht immer noch da – ein stummer Zeuge.

Nach diesem Schreck brauche ich jetzt wirklich eine Stärkung, und bevor das gute Stück weggeworfen wird? Außerdem ist gerade eine beträchtliche Anzahl meiner Schwestern im Anflug. Ich sehe nur noch schwarz-gelb. Heute scheinen alle das Nest verlassen zu haben. Eilig lasse ich mich auf dem Kuchen nieder.

Ach, einfach himmlisch süß!

Hallo? Was starrt mich jetzt dieser Kellner so giftig an? Und was zum Kuckuck hält er da in der Hand? Ein Zeitung?

Er wird doch jetzt nicht etwa damit auf mich ein…

Winterzauber

Das sollten Sie nicht verpassen. Im Dezember verwandelt sich der Bahnhofplatz in ein zauberhaftes Winterdorf. Raclette, Fondue, Kerzenziehen, ein Weihnachtskarussell und über dem zugedeckten Springbrunnen eine romantische Feuerstelle. Und wenn Sie sich hier aufgewärmt und gestärkt haben, gibt es nichts Schöneres, als durch die Stadt zu spazieren und das weihnachtliche Lichtkunstwerk zu bewundern.

Aber wieso starrt dieser sympathische ältere Herr so sorgenvoll in seinen Glühweinbecher? Am besten, wir folgen ihm ...

Feierabend. Albert Hör stand auf dem Bahnhofplatz und nippte mit gespitzten Lippen an seinem Glühwein. Unter seinen Füßen raschelten Holzspäne, und der kleine Tannenwald, den man hier errichtet hatte, duftete weihnachtlich. Wie jedes Jahr in der Adventszeit stand auf dem unteren Bahnhofplatz ein kleines Dörfchen aus Holzhütten. Der Springbrunnen war zugedeckt und in eine Feuerstelle verwandelt worden, über der nun Alt und Jung Würste brieten.

Tatkräftig unterstützt von einer Gruppe freiwilliger Helfer, die darauf achteten, dass das Feuer nicht erlosch und sich keiner der herumwuselnden Knirpse den Anorak ansengte. Über den ganzen Platz waberte das Odeur von Fondue und Raclette, und Alberts Magen knurrte.

Kein Wunder, er hatte den ganzen Tag noch nichts gegessen. Über Mittag war er im Büro geblieben und hatte sich Gedanken gemacht. Viel hatte es allerdings nicht gebracht.

Albert Hör blickte auf und starrte auf die Fassade des Bankgebäudes, das keine zwanzig Meter entfernt in den Himmel ragte.

Die Aargauische Kantonalbank Baden. Wo er seit seiner Lehre arbeitete.

Nicht mehr lange. Um genau zu sein, noch bis Ende Dezember. Seiner offiziellen, endgültigen Pensionierung.

Albert Hör seufzte und trank einen großen Schluck Glühwein, der inzwischen etwas abgekühlt war.

Ja, es war Zeit. Zeit, den Jüngeren Platz zu machen, und Zeit, seine Freiheit zu genießen. Allein, denn er war schon seit Jahren geschieden. Wehmut stahl sich in sein Herz.

Er hatte viele Veränderungen in der Bankenwelt miterlebt. Manchmal musste man auch sagen: durchgemacht, aber er hatte Schritt gehalten. In den letzten Jahren jedoch schien sich die Welt immer schneller zu drehen, und immer öfter hatte er innerlich den Kopf geschüttelt. Dabei hatte er es gut getroffen mit der AKB. Was er so von anderen Bankangestellten hören musste, du meine Güte!

Da wurde neu strukturiert, um- und meistens abgebaut, dass ihm vom Zuhören schon schwindelig wurde. Nicht überall wurden die Mitarbeiter so geschätzt und gut behandelt.

Aber die wussten natürlich auch, was sie an ihm hatten. Albert Hör liebte seine Arbeit und vor allem seine Kunden.

Nun ja, jedenfalls die meisten.

Viele wandten sich schon seit Jahren vertrauensvoll an ihn, worum auch immer es ging. Und zu ein paar seiner Kunden, hatte sich eine fast familiäre Bindung entwickelt.

Ja, familiär, das konnte man schon so nennen.

Vor allem zu Lydia von der Allmen.

Eine wirklich bezaubernde Dame, die demnächst ihren neunzigsten Geburtstag feiern würde.

Der Ärger kroch von neuem in ihm hoch. Albert warf den leeren Pappbecher in die Tonne, die vor dem Brennerschopf dafür bereitgestellt worden war. Am liebsten hätte er sich jetzt einen Schnaps genehmigt. Auswahl war ja genug da, und die meisten von Humbels Spirituosen waren sogar preisgekrönt.

Aber so auf leeren Magen?

Er schob die Hände in die Manteltaschen und beschloss, einen Rundgang durch die Stadt zu machen. Es war schon dunkel, und was in der Adventszeit über den Straßen und Gassen von Baden hing, war ein zauberhaftes Lichtkunstwerk. Sogar eine Delegation aus Zürich war damals angereist, um bei einem geführten Rundgang die märchenhaft schönen Lichtinstallationen zu bestaunen. Danach hatten die Zürcher ihre hypermodernen, kalt blendenden Neonröhren auf den Mist geworfen.

Oder sonst wohin. Albert wusste das nicht so genau.

Auf dem Schlossbergplatz wimmelte es immer noch von Kindern, und es herrschte ein Gebimmel, als wäre Santa Claus gleich mit mehreren Schlitten vor dem Stadtturm gelandet.

Eine Stunde war es her, seit eine große Schar Kinder mit Glöckchen bewaffnet durch die dunklen Gassen gezogen war, begleitet von den Männern der Spanischbrödli-Zunft. Auf dem abgedunkelten Schlossbergplatz hatten sie einem Märchen gelauscht und mit ihren Glöckchen so lange geläutet, bis die riesige Lichtkugel über ihnen hell erstrahlte.

Jetzt war das Werk vollbracht, und zur Belohnung gab es Spanischbrödli.

Neidvoll beobachtete Albert, wie ein kleiner Junge gierig seine Milchzähne in die Süßigkeit schlug.

Das Wasser lief ihm im Mund zusammen. Spanischbrödli, eine Badener Spezialität, für die damals die Zürcher Herrschaften ihr Personal in aller Frühe aus dem Haus gescheucht hatten. Mit dem Zug nach Baden, nur damit sie zum Frühstück diese Köstlichkeit serviert bekamen.

Verständlich, fand Albert, und nicht zum ersten Mal dachte er, dass es einige Dinge in Baden gab, mit denen auch eine Großstadt nicht mithalten konnte.

In seiner Hosentasche vibrierte das Handy. Lydia von der Allmen.

Schuldbewusst meldete er sich.

„Mein lieber Albert, geht es Ihnen gut?"

Dass sie einander beim Vornamen nannten, war eine Ehre für Albert, aber sich auch noch zu duzen, wäre einfach unpassend.

„Ja, ja es geht mir ausgezeichnet, ich hatte nur …"

Sein Ärger war während des Spaziergangs verflogen, und er hatte schlicht und einfach die Zeit vergessen. Seit einer Stunde hätte er bei ihr sein sollen. Zum Tee, wie sie es nannte. Es war allerdings mehr ein vorgezogenes Abendessen, mit belegten Brötchen und allerlei delikaten Kleinigkeiten. Sie ging früh zu Bett.

„Aber das macht doch nichts“, unterbrach sie sein Gestotter. „Ich weiß doch, wie viel Sie jetzt noch zu tun haben. Ende des Jahres und dann noch Ihre bevorstehende Pensionierung. Ich wollte mich nur erkundigen, ob Sie es heute überhaupt noch schaffen vorbeizukommen.“

Albert schmunzelte. Das war wieder ganz typisch Lydia. Sie wartete, sicher wie immer perfekt gekleidet und frisiert, schon über eine Stunde auf ihn. Auf einem der mit Samt überzogenen Stühle am gedeckten Tisch. Mit Blick auf die Brötchen. Auf denen sich wahrscheinlich inzwischen der Schinken an den Rändern rollte. Aber nie, einfach niemals, würde sie sich ärgern oder irgendeinem Menschen Vorwürfe machen.

Das war Lydia. Die liebenswürdigste Person, der Albert je begegnet war.

„Ich bin schon unterwegs!“, rief er. „Also in spätestens einer Viertelstunde bin ich bei Ihnen.“

„Das freut mich“, sagte sie und legte auf.

Albert drängte sich durch die Menge. Im Blumenladen im Metroshop kaufte er noch schnell gelbe Rosen, von denen er dachte, dass sie Lydia gefallen würden. Er musste sich beeilen, aber Gott sei Dank gab es hier immer schon perfekt gebundene Blumensträuße, und er musste dem verdutzten Inhaber nur noch das Geld in die Hand drücken.

Als er über die Einfahrt von Lydias Haus lief, bewunderte er die weihnachtliche Dekoration, mit der Haus und Garten geschmückt war. Das erledigte der Gärtner, der seit Jahrzehnten in Lydias Diensten stand.

Es gab hier auf der Allmend nur noch ein paar solcher Häuser, jedes ein Prachtstück, auch wenn an manchen Ecken der alte Glanz bröckelte. Viele waren abgerissen worden, und an ihrer Stelle standen nun moderne Bauten, in denen gleich mehrere Familien ein Heim gefunden hatten.

Verdichtetes Bauen, ja, ja.

Albert seufzte, aber es war verständlich. Heutzutage wollte niemand mehr in so einer alten Villa leben, und kaum jemand konnte sich das auch leisten. Bauland war in Baden Mangelware.

Verdutzt blickte er auf, als er bemerkte, dass das Garagentor offen stand.

Er ist hier gewesen! Ist wahrscheinlich wieder um den Jaguar geschlichen.

Das Auto war ein XK 150, Baujahr 1957, weiß mit rotem Faltdach und unter Liebhabern sicher zweihunderttausend wert. Albert wusste das, weil alte Autos seine Passion waren und er gerne selbst ein wenig daran herumschraubte.

Er war normalerweise die Ruhe in Person, aber jetzt stieg sein Blutdruck in eine Höhe, über die sein Hausarzt wahrscheinlich entsetzt gewesen wäre.

Frederick ist hier gewesen. Dieser nichtsnutzige, alternde Playboy! Dieser Blutsauger! Dieser eingebildete, wertlose Abschaum! Dieser …

Wie immer gingen ihm die Worte aus, sobald er nur an Lydias einzigen Verwandten dachte. Albert wusste genau, was dieser hinterlistige Versager vorhatte. Und es trieb ihn fast ihn den Wahnsinn, weil er kaum eine Möglichkeit sah, Lydia vor ihm zu beschützen.

Er hatte es immer wieder vorsichtig versucht. Andeutungen gemacht – und einmal hätte er es beinahe direkt ausgesprochen. Doch Lydia hatte ihn mit einer Handbewegung zum Schweigen gebracht.

„Ich weiß schon Bescheid über Frederick“, hatte sie gesagt und ihn mit traurigen Augen angesehen. „Aber, mein lieber Albert, er ist doch der Einzige, der von meiner Familie noch übrig ist.“

Und Albert hatte nicht insistiert. Es stimmte ja, seit ihr Mann vor acht Jahren gestorben war, gab es nur noch Lydia und Frederick, ihren Neffen.

Diesen Erbschleicher, der das schamlos ausnutzte!

Albert wusste nicht, ob dieser Mann überhaupt jemals einer Arbeit nachgegangen war, jetzt schien er das jedenfalls nicht mehr in Betracht zu ziehen.

Er war über sechzig und machte sich mit dem Geld, das er Lydia immer wieder abschwatzte, ein schönes Leben. Autos, Reisen, Restaurantbesuche, alles vom Feinsten. Nur die ihn begleitenden Damen waren das nicht, wenn man sie überhaupt so nennen konnte.

Albert hatte Frederick und seine beiden Freundinnen im Hotel Du Parc erst kürzlich voller Abscheu beobachtet. Das Essen, das er dort normalerweise sehr genoss, wollte ihm plötzlich nicht mehr schmecken.

Und er machte sich immer mehr Sorgen um Lydia. Bis jetzt hatte er dank seiner Stellung in der Bank einen Überblick über Lydias Vermögen gehabt. Aber ab Januar gab es für ihn keine Möglichkeit mehr einzugreifen, wenn diese Hyäne darüber herfiel. In der letzten Zeit hatte er immer mehr den Verdacht, dass dieser Kerl nicht abwarten würde, bis Lydia eines Tages diese Welt verließ.

Denn das konnte noch Jahre dauern. In Lydias Familie waren alle steinalt geworden – und das bei bester Gesundheit. Der Gedanke, die Wartezeit abzukürzen, war diesem Flegel sicher schon in den Sinn gekommen.

Albert war überzeugt davon und hatte sich seit Wochen den Kopf zerbrochen, was er tun könnte. Und es war ihm doch einiges in den Sinn gekommen. Das Dumme war nur, dass Albert in seinem ganzen Leben noch nie etwas Unrechtes getan hatte. Na gut, als Siebenjähriger Kaugummi gestohlen und später auf der Baldegg einen Kirschbaum geplündert.

Aber was er jetzt vorhatte, konnte man damit gar nicht mehr vergleichen.

Er musste eine Straftat begehen.

Eine, die mit nichts zu entschuldigen war!

Außer, man wurde von Lydia angelächelt und daran erinnert, wie zerbrechlich und hilflos dieses zarte Persönchen war, das sich nicht vorstellen konnte, wie schlecht die Menschen sein konnten.

Wie böse und hinterlistig, wenn es um Geld ging.

Albert wusste, er würde es tun. Wenn es nötig wäre, würde er es tun!

Er hoffte, dass das niemals der Fall werden würde, und drückte auf den Klingelknopf.

Noch vor dem Essen übergab ihm Lydia ein Kuvert, das er zu ihren Unterlagen in der Bank legen sollte. Sie hatte einen Vorsorgeauftrag unterschrieben.

Albert stand fast das Herz still.

Vorsorgeauftrag.

Selbstverständlich sollte heutzutage jeder Mensch einen solchen Auftrag unterzeichnen, damit er im Falle eines Falles nicht in die Mühlen der Behörden geriet. Eine ganz vernünftige Sache – es sei denn, der Name des Bevollmächtigten lautete Frederick.

Albert sah sich gezwungen, einen Plan auszuarbeiten.

Acht Wochen. Ganze acht Wochen war er außer Gefecht gewesen! Eine Grippe mit Komplikationen. Die kleine Feier anlässlich seiner Pensionierung, die er für seine Kollegen im Hotel Blume organisiert hatte, musste er absagen.

Albert lag schwitzend mit hohem Fieber im Bett. In seinen Träumen wurde er von schrecklichen Bildern geplagt. Er kam immer zu spät.

Immer wieder stand er mit einem Strauß gelber Rosen an Lydias Grab. Und jedes Mal, wenn er dann endlich schweißgebadet erwachte, schwebte Fredericks grinsendes Gesicht wie ein unheimlicher Luftballon noch eine Weile über seinem Kopf.

Lydia hatte oft angerufen, um sich nach ihm zu erkundigen. Sie hatte fröhlich geklungen, ja, richtiggehend aufgekratzt. Sie hatte jemanden kennengelernt.

„Ach du meine Güte! Nicht, was Sie denken, mein lieber Albert!“, hatte sie ins Telefon gekichert, als er Genaueres wissen wollte. „An meinem Geburtstag werden Sie alles erfahren. Sie werden staunen, was für Pläne ich habe! Ach, warum ist mir das nicht schon früher in den Sinn gekommen!“

Albert wäre am liebsten auf der Stelle zu ihr gefahren. In seinem Kopf schrillten sämtliche Alarmglocken. Da konnte doch nur Frederick dahinterstecken. Was hatte er sich ausgedacht, um an ihr Geld zu kommen?

Aber egal, wie viel er von den Medikamenten schluckte, Albert musste froh sein, wenn er es wenigstens bis zum Kühlschrank oder ins Bad schaffte.

An Lydias Geburtstag fühlte er sich immer noch schwächlich wie ein Greis, und seine Beine schienen sich in Gummi verwandelt zu haben, doch unter keinen Umständen hätte er dieses Fest verpassen wollen.

Er überreichte der strahlenden Lydia einen riesigen Strauß Rosen. Diesmal in einem zarten Rosa. Denn in der Farbe Gelb erinnerten sie ihn einfach zu sehr an die grässlichen Albträume, die ihn so geplagt hatten.

„Oh! Die sind ja wundervoll!“, rief Lydia begeistert. „Ich hoffe, ich finde eine Vase, die groß genug ist für diese Pracht.“

Sie eilte davon und Albert sah ihr verblüfft hinterher. Sie wirkte so jung und voller Energie, wie seit dem Tod ihres Mannes nicht mehr. Was wohl der Grund …

„Darf ich Ihnen ein Glas anbieten?“ Eine junge Frau stand mit einem Tablett vor ihm und lächelte ihn an. Lydia hatte für ihr Fest das Catering des Casinos engagiert.

„Ja gerne, vielen Dank." Albert nahm sich ein Glas Champagner und gleich auch noch eines der leckeren Häppchen, die von einem Kellner gereicht wurden. Während er mit vollen Backen kaute, sah er sich um.

Nicht nur Lydia wirkte verändert. Das ganze Haus schien auf einmal angefüllt mit Leben. Das lag nicht nur an den vielen Gästen, die sie eingeladen hatte. Die meisten kannte Albert, denn Baden ist ja eine Kleinstadt.

Nein, da war eine Energie zu spüren, ein positiver Strom, den er nicht benennen konnte. Vielleicht lag es daran, dass hier eine ganze Schar Kinder herumwuselte? Albert hatte in dieser Villa noch nie Kinder gesehen. Sie stürmten lachend und kreischend die breite Treppe hinunter, flitzten durch die Terrassentüre in den Garten, nur um sofort wieder in der Küche zu verschwinden.

Es handelte sich anscheinend um irgendein Spiel, das wohl kein Erwachsener verstand.

„Ha! Dd … der Herrrrr Finanzexperte, natüüürlich auch hier!"

Albert musste sich nicht umdrehen, um zu wissen, wer ihm da gerade ins Ohr gelallt hatte. Aber die Höflichkeit gebot es, also reichte er Frederick missmutig die Hand.

„Guten Ab…"

„Wasch scholl an diesem Abend gut sein? Hä?", unterbrach ihn Frederick. Seine Wangen waren gerötet, und er rollte mit den Augen. „Mmmmh … meine Tante ist verrückt geworden, sehen Schie das nicht? Total, totalemente gaga! Wasch … soll dieser Zirkus hier?"

Frederick beugte sich schwankend zu ihm und drückte fast die Nase auf Alberts Wange. „Stecken Schie dahinter? Haben Schie meiner Tante diesen Fooo … Floh ins … Dings … in den Kopf?" Er war sturzbetrunken.

Albert machte hastig einen Schritt rückwärts, um aus dem Dunstkreis seiner Ginfahne zu kommen.

„Ich habe nicht die geringste Ahnung, wovon Sie sprechen."

Jetzt wurde Frederick offenbar richtig wütend. „Ach nein? Das wäre jetzt aber mal … Mir können Schie nichts vormachen, nein, MIIIIR nicht. Meine Tante ist … ist Ihnen ja hörig! JAWOHL! Die ganze Zeit nur Albert hier und Albert da, und … da musch ich erst Albert fragen, er kennt sich aaaaus!"

Frederick rückte ihm schon wieder auf die Pelle, und viele Möglichkeiten zu Flucht gab es nicht mehr. Albert stand mit dem Rücken an der Bücherwand.

„Jaaaa, der liebe Aaaalbert kennt sisch aus, nicht wahr?" Jetzt flüsterte Frederick, aber es klang wie eine Morddrohung. „Der liebe Aaaalbert, der meinem lieben Tantchen sss… ssagt, wofür sie ihr Geld ausgeben soll! Jawooohl, scho ist es. Und der liebe Aaalbert mag es nnnhh nischt, wenn das Tantchen dem liiiieben, armen Frederick etwas schenkt, sch… schtimmt´s, hä?“

Albert konnte diesem Flegel wohl schlecht jetzt eine Ohrfeige verpassen, hier, so vor allen Leuten an Lydias Geburtstag. Hilfesuchend sah er sich um, aber niemand schien die beiden Männer zu bemerken, die an die Bücher gepresst standen wie ein Liebespaar.

„Lassen Sie mich jetzt gefälligst los, und benehmen Sie sich anständig!“, zischte er wütend.

„Isch bin nnnh … noch nicht fertig mit Ihnen, isch …“

Lydia klatschte in die Hände, und augenblicklich verstummten das Lachen und die Gespräche. Sogar die Kinder unterbrachen ihren Galopp. Frederick ließ ihn los und zupfte noch mit scheinheiligem Lächeln Alberts Krawatte zurecht.

Lydia stand oben an der Treppe, flankiert von zwei jungen Frauen,

„Meine lieben Freunde“, sagte sie und musterte lächelnd die erwartungsvollen Gesichter, die zu ihnen aufblickten. „Manche Dinge mögen Zufall sein, aber oft handelt es sich um Bestimmung. Und ich bin sicher, es war Bestimmung, dass ich vor ein paar Wochen diesen beiden wundervollen Frauen begegnet bin. Wie Sie alle wissen, ist unsere Ehe kinderlos geblieben. Und Kinder, ach Gott“, es war ein wehmütiges Seufzen, „Kinder hätten mein lieber Mann und ich uns immer gewünscht. Es hat nicht sollen sein. Aber in Zukunft werden hier viele Kinder ein- und ausgehen. Dieses große Haus wird zu einem Hort. Zu einem Hort für die Kinder alleinerziehender Frauen, die sich die Betreuung ihrer Sprösslinge sonst nicht leisten können. Ich habe mit meinen Anwälten bereits alles für die Gründung einer Stiftung vorbereitet, und schon bald …“

Albert glaubte zu träumen. Ach was, es musste sich um einen neuerlichen Fieberschub handeln. Das war … das war einfach großartig!

Während Lydia die beiden Frauen vorstellte, die sich dann um die Kinder kümmern würden – und Lydia wollte noch weitere Hilfskräfte ins Boot holen –, ließ er sich ein zweites Glas Champagner reichen und trank es in einem Zug aus.

„Und mein lieber Albert“, Lydia zeigte in seine Richtung, und alle Köpfe drehten sich, „mein lieber Albert, auf den ich mich all die Jahre blind verlassen konnte, wird sich auch jetzt wieder um die Finanzen kümmern. Nicht wahr, ich kann doch auf Sie zählen?“

Albert brachte nur lächelnd ein Nicken zustande. Die Wärme, die sich in ihm ausbreitete, kam eindeutig nicht vom Fieber. Es war die reine Freude.

Erst jetzt konnte er sich eingestehen, dass er sich vor seinem Leben nach der Pensionierung gefürchtet hatte. Vor diesen leeren Tagen ohne Verantwortung, ohne eine sinnvolle Aufgabe, die ihn forderte.

„Sie bekommen natürlich das Arbeitszimmer meines Mannes!“, rief Lydia ihm zu, und dann wurde sie von allen Seiten umarmt und beglückwünscht.

„MIR können Schie nichts vvv…voormachen! Sie ha… haben dasch ausgeheckt!“ Fredericks Stimme vibrierte vor Zorn, und der Schweiß lief ihm übers Gesicht. Umständlich schälte er sich aus seinem Jackett und warf es Albert vor die Füße. Dann packte er eine Flasche Gin, die zusammen mit anderen Spirituosen auf einem Beistelltisch stand, und trank einen großen Schluck.

„Schie sind tot! Ihr … ihr sssseid bbb… beide tot.“ Es war ein tiefes Knurren aus seiner Kehle, und nur Albert konnte es hören.

Nun war es also so weit.

Frederick wankte davon, und Albert hob das Jackett vom Boden auf. In der Tasche fand er den Porscheschlüssel.

Auch das war Bestimmung. Ein Zeichen des Schicksals, dass er handeln musste.

Lydia von der Allmen wunderte sich, dass Albert keine Zeit fand, sich mit ihr über all die Neuigkeiten zu unterhalten. Aber morgen, ja morgen, wenn der ganze Trubel vorbei war, wollten sie sich zusammensetzen und über die Zukunft sprechen.

Es fiel keinem der Partygäste auf, als Albert sich nach draußen schlich. Er öffnete das Garagentor und streichelte das Verdeck des Jaguars, als handle es sich um das Fell eines Haustiers. Er dachte an die Ausfahrt, die er im letzten Sommer mit Lydia unternommen hatte. Bei strahlendem Sonnenschein waren sie gemütlich bis an den Hallwylersee gefahren und hatten dort auf der Terrasse der Seerose gegessen.

„Tut mir leid, alter Junge“, sagte er zu dem Auto.

Dann öffnete er die Fahrertür, beugte sich hinunter und steckte den Zündschlüssel ins Schloss.

Den einzigen, den es gab.

Er hatte ihn sicher verwahrt, nachdem er alle Vorbereitungen getroffen hatte. Noch bevor ihn diese Grippe erwischt hatte, und dann hatte er doch tatsächlich eine Zeit lang gedacht, dass die Krankheit seine Strafe dafür war.

Unsinn! Genau das Gegenteil. Denn dass es jetzt auch noch schneite wie verrückt, wo es doch den ganzen Winter keinen richtigen Schnee gegeben hatte, sagte doch alles.

Das Schicksal will es so!

Albert stapfte hinter die kleine Tanne neben der Garage, deren Äste sich schon unter der eisigen Last bogen.

Er musste Wache halten.

Kein Unbefugter durfte sich jetzt dem Auto nähern. Er hoffte inständig, dass es nicht zu lange dauern würde. Die Kälte spürte er trotz seines Daunenmantels schon in den Knochen.

Frederick torkelte aus dem Haus und schlidderte durch die weiße Pracht zu seinem Auto. Mit bloßen Händen fegte er den Schnee von der Windschutzscheibe seines Porsches.

„Verfluchter Drr…Dreck! Sch… Scheiß… Schsch…schneeeee!“, brüllte er. Völlig außer sich wühlte er in seinen Taschen.

„Hiii… Himmmmel Aaarsch und …“ Er konnte seinen Autoschlüssel nicht finden und drehte sich einmal um die eigene Achse, als könne er so das Problem lösen.

Das war zu viel für sein benebeltes Gehirn, das durch den immensen Alkoholkonsum, sowieso schon Schwierigkeiten mit dem Gleichgewichtssinn hatte. Frederick landete rückwärts auf dem Hintern im Schnee, der augenblicklich seine Hose durchnässte.

„Verda..." Sein Blick fiel auf das offene Garagentor. Das Licht brannte, und die Fahrertür des Jaguars stand offen.

„Ha... hallo, mein Schöner!", lallte er und rappelte sich auf.

Nicht ein einziges Mal hatte seine Tante ihn mit diesem Schmuckstück fahren lassen. Dabei war doch genau diese Karre das richtige Auto für ihn. Für einen Mann wie ihn, mit Stil und Charme. Und diese alten Blechschüsseln kamen bei den Damen gut an. Und sollten gefahren werden, damit sie nicht rosteten.

Aber ganz sicher nicht von solchen Proleten wie diesem Bankheini, diesem hinterlistigen Idioten!

Frederick ließ sich rülpsend auf den Ledersitz fallen.

Ach, sieh an! Der Schlüssel steckt. Wenn das jetzt nicht ein Wink des Schicksals ist!

Er hatte etwas Mühe, aber dann schnurrte der Motor, dass es eine Wonne war.

Mit Vollgas preschte der Jaguar aus der Einfahrt. Das Heck schlingerte im Schnee.

Albert trat hinter der Tanne hervor. Er dachte an die steile Straße und an die Haarnadelkurve unterhalb vom Schloss Stein.

Und er dachte an die Bremsen, die dieses Auto hatte.

Es waren Trommelbremsen.

Und damit kannte sich Albert genauso gut aus wie mit Finanzen.

Munk rächt sich

Ich schlage vor, wir spazieren jetzt hinunter in die Halde. In den Teil der Altstadt von Baden, wo sich ganz außergewöhnliche Dinge entdecken lassen. Werfen Sie nur einmal einen Blick in die Schaufenster der Geschäfte. Was hier verkauft wird, finden Sie nirgends sonst. Handwerk und Kunst – oder steht Ihnen der Sinn eher nach einem hausgemachten Kuchen? Oder möchten Sie lieber … oh! Da ist er ja.

Munk, der struppige, alte Kater, der schon sein ganzes Leben hier verbracht hat. Eigentlich eine ganz gewöhnliche Katze, wenn man es nicht besser wüsste …

Munk war alt.

Und wütend.

So wütend wie noch nie in seinem Leben. Und er hatte immerhin bereits siebzehn Jahre auf seinem pelzigen Buckel. Das war für einen Kater ein stolzes Alter. Vor allem für einen Stadtkater. Aber er hatte schon als Katzenbaby schnell gelernt, von welchen Dingen man sich besser fernhielt. In erster Linie von allem, was Räder hatte. Während der Wintermonate spürte er auch heute noch die Verletzung, die er sich damals bei der Begegnung mit einem Auto zugezogen hatte.

Aber wie gesagt, er hatte es schnell begriffen und in kurzer Zeit die Wege ausgekundschaftet, die einigermaßen sicher waren. Die kleinen Gassen in der Altstadt waren ihm am liebsten. Der Platz vor der katholischen Kirche war meistens ruhig. Außer an Markttagen, Stadtfesten oder während Hochzeiten konnte er sich dort wunderbar entspannen. Faul unter einem der Bäume liegen und sich von den Spatzen in den Ästen austschilpen lassen.

Wenn die Kirchenglocken anfingen zu läuten, kniff Munk die Augen ein wenig zusammen und drehte die Ohren etwas ab.

Einmal hatte er der Kirche einen Besuch abgestattet.

Die mächtige Türe aus Holz war offen gestanden und er, mit hoch erhobenem Schwanz hineinspaziert.

Schön, wirklich schön. All diese Bilder und Säulen, der Altar und die brennenden Kerzen. Eine Frau saß auf einer der vielen Bänke, die Augen halb geschlossen und ganz vertieft in ihre Gedanken. Und Munk hatte nun geahnt, was sein Frauchen hier drin machte, wenn es einmal in der Woche durch diese Türe verschwand. Gemeinsam mit anderen Leuten und von Orgelklängen umtost.

In Munks Wut mischte sich Trauer, als er an sein Frauchen dachte. Bis vor einem Jahr hatten sie zusammen in der Kronengasse gewohnt. In einem der wunderschönen, alten Häuser, in denen früher die Handwerker der Stadt gelebt hatten. Bis heute kann man anhand der Namen der Häuser erkennen, welches Handwerk darin vertreten war.

Alte Häuser, eng aneinandergeschmiegt, mit niedrigen Decken und kleinen Fenstern, aber für Munk und sein Frauchen die allerbeste Wohnlage. Direkt an der Limmat.

Vor der Munk ziemlichen Respekt hatte, seit er einmal von einem glitschigen Stein gerutscht war und beinahe fortgespült worden wäre.

Wieder etwas gelernt. Wasser war kein Element für Katzen. Die Böschung entlang der Promenade dafür umso mehr. Mit all den mächtigen Bäumen, deren ausladende Äste im Sommer Schatten spendeten.

Munk hatte sich dort gerne herumgetrieben, manchmal auch eine Maus erwischt und nach Hause getragen. Er hatte sich immer gewundert, dass sich sein Frauchen nie richtig darüber gefreut hatte. Vielleicht weil sie schon so alt gewesen war? Ja, sie war alt gewesen und dann, eines Tages, ganz plötzlich verschwunden. Tagelang hatte er seine Flanke an der Türe gerieben und in den herzzerreißendsten Tönen nach ihr gerufen.

Aber die Türe war verschlossen geblieben.

Anscheinend für immer.

Eine Nachbarin stellte ihm einen Napf mit Futter hin, und als der Hunger übermächtig wurde, nahm er es widerwillig an. Das schmeckte ganz anders als das, was er von seinem Frauchen bekommen hatte. Aber was blieb ihm übrig? In letzter Zeit war er nicht mehr sehr erfolgreich gewesen. Jede Maus und selbst der dümmste Vogel war inzwischen schneller als er.

Munk spürte seine Knochen und seine Einsamkeit mit jedem Tag mehr. Und die Streicheleinheiten fehlten ihm. Als er noch jung gewesen war und sein Fell geglänzt hatte wie ein Seidenteppich, ja, da hatten sich die Menschen gebückt und in singender Babysprache plappernd seinen Nacken gekrault. Aber jetzt war er abgemagert, sein Fell struppig und seine Augen getrübt. Aber er drehte weiterhin seine Runden. Bis vor kurzem noch ungestört. Aber jetzt!

Munk war wütend.

Vor ein paar Wochen war so ein junger Kerl aufgetaucht. Frisch zugezogen, und weiß der Teufel, wo der wohnte, aber Munk wollte das auch gar nicht wissen. Denn dieser Bursche war eine regelrechte Plage!

Er schien weder eine Schule zu besuchen noch irgendeiner Arbeit nachzugehen. In schmuddeligen

Jeans und einer abgewetzten Lederjacke tauchte er jeweils unverhofft auf, als hätte er Munk aufgelauert.

Bei ihrer ersten Begegnung hatte sich Munk noch nichts gedacht. Er hatte sich von den schmeichelnden Lockrufen täuschen lassen und war auf den Jungen zu gegangen.

Dann ging alles ganz schnell.

Er wurde am Genick gepackt, hochgehoben und geschüttelt, dass ihm fast die Sinne schwanden, und dann landete er in hohem Bogen auf den Steinen am Limmatufer. Munk hatte alle Krallen ausgefahren und sich festgehalten. Vor Schock gelähmt, spürte er nur das kalte Wasser der Limmat, das ihm über die Hinterbeine schwappte.

Über seinem Kopf hörte er ein Grölen. Der Junge hing über dem Geländer und konnte sich vor Lachen nicht mehr beruhigen. Er schwenkte seine Bierdose, als wolle er Munk zuprosten, und nahm einen kräftigen Schluck, bevor er sich kichernd verzog.

Munk brauchte lange, bis er endlich wieder sicher auf der Promenade stand. Er hatte sich nicht verletzt, anscheinend funktionierten seine Reflexe doch noch so gut, dass er einigermaßen vernünftig gelandet war. Aber trotzdem tat ihm alles weh.

Innen und außen, Munk wurde von einem großen Katzenjammer übermannt.

Nun gut. Solche Dinge können leider geschehen. Die Welt ist ein gefährlicher Ort. Nicht nur die Räder, nein, auch ein paar der Menschen, die sich damit fortbewegen, können Unheil und Schmerzen bringen.

Also aufpassen. Immer schön aufpassen.

Zwei Tage später war Munk, der sich gerade erst wieder richtig gefangen hatte, diesem Burschen wieder begegnet. Er trieb sich um die Marktstände in der weiten Gasse herum. Nahm sich ein Stück Käse von der Platte, die ihm die freundliche Verkäuferin hinhielt, und als sie von einem Kunden abgelenkt wurde, packte er zu. Schob sich die ganzen Stückchen in den Mund und machte sich schmatzend aus dem Staub. Die verdutzte Frau starrte auf das leere Tablett, und Munk schlängelte sich unter den Markttischen durch. Er wollte das Bürschchen beobachten. Später wünschte er sich, er hätte das nicht getan.

Der Kerl stahl wie ein Rabe. Er nutzte das Gedränge dieses Samstagmorgens und griff zu. Er füllte seine Taschen und schob sich die Beute vorne in die Jacke. Als er vor der Metzgerei Müller ankam, sah er aus, als hätte er in der kurzen Zeit fünf Kilo zugenommen.

Es gibt ja solche Langfinger. Aber dieser Kerl fand noch Zeit, weiteres Unheil anzurichten, bis die friedliche Marktstimmung vergiftet war, als hätte es schwarzes Wasser geregnet.

Der Feind, das war er jetzt für Munk, riss im Vorbeigehen ein kleines Mädchen an den Haaren. Stahl einem Baby im Kinderwagen den Schnuller aus dem Mund, während seine Eltern mit Bekannten tratschten. Er trat einem Hund mit voller Absicht auf die Pfoten. Dann schubste er einen älteren Mann so heftig, dass er fast in den Körben mit Salat gelandet wäre. Und zu guter Letzt schnappte er sich ein Fahrrad, das unbeaufsichtigt dastand, und radelte davon.

Munk hatte genug gesehen und machte sich auf den Weg. Er trottete sinnierend den Graben hinunter. In seine Heimat. Zuhause konnte man es jetzt ja nicht mehr nennen.

Auch an diesem Tag verströmte die Holzbrücke diesen unverkennbaren Geruch, der sich mit dem Duft von frisch gebackenem Kuchen mischte, der wie ein Wölkchen aus dem Café Frau Meise schwebte.

Munk entschloss sich, die Brücke zu überqueren, durch den engen Durchgang beim Landvogteischloss zu schlüpfen und sich ein wenig auf der Terrasse des Historischen Museums zu sonnen. Ein guter Platz, um sich das Fell und die Seele zu putzen.

Und wer weiß, vielleicht hielt sich dort gerade irgendein Zweibeiner auf, der ihm den Rest seiner Kaffeesahne überließ. Schließlich waren ja nicht alle so wie der Feind.

Vor ihm stolzierten ein paar Tauben. Anscheinend kannten sie ihn, denn sie trippelten nur ein wenig zur Seite, als er an ihnen vorbeiging. Früher, ja früher, wären sie flügelschlagend davongeflattert. Hätten sich mit pochendem Herzen vor Munk, dem Schrecken der Altstadt, in Sicherheit gebracht.

Tempi passati, wie der nette Mann, der hier immer die Mülleimer leerte, zu seinem Kollegen zu sagen pflegte.

Hinter Munk kreischten Bremsen, und sein Herz machte – im Gegensatz zu seinen Pfoten – einen Satz. Erschrocken blickte er über seine Schulter.

Der Feind!

Da stand doch tatsächlich der Feind mit seinem gestohlenen Fahrrad und schraubte am Lenker.

„Brrrrmmmm! Brrrrmmm!“

Das sollte wohl das Geräusch eines Motors darstellen.

Ziemlich kläglich, aber Munk wusste, dass er jetzt machen musste, dass er fortkam. Ein Blick in diese glitzernden Augen hatte ihm genügt, um zu erkennen, dass der Feind nur ein Ziel hatte.

Ihn.

Munk rannte los, und der Feind trat in die Pedale. Hakenschlagend jagte Munk über die Brücke. Er konnte den Vorderreifen des Fahrrads fast schon spüren, als er im letzten Moment seitwärts in die Büsche des Parkplatzes flüchten konnte.

„Ich erwisch dich noch, du blödes Vieh!“, brüllte der Feind, bevor er das Fahrrad wendete und wieder im dämmrigen Schlund der Brücke verschwand.

Und so ging das ein paar Wochen weiter. Munk war ständig in Alarmbereitschaft und ziemlich verärgert.

Aber die Sache mit dem Rollator brachte Munk endgültig aus der Fassung.

Er war gerade wieder einmal durch die Böschung der Promenade getigert. Unten, auf einer der Bänke, döste eine alte Frau. Munk hatte sie beobachtet, wie sie sich mühselig vorwärts geschleppt hatte und umständlich den Rollator abstellte, an dem eine Tasche mit ihren Einkäufen hing. Anscheinend war sie vom Bahnhofplatz kommend mit dem Lift heruntergefahren und brauchte jetzt eine Pause, bevor sie den Rest des Heimwegs bewältigen konnte.

Munk schlug mit der Pfote nach einem Falter, der nervös um seine Nase flatterte, als suche er dringend einen Landeplatz.

Da!

Da kam er wieder daher geschlurft. Wie immer mit einer Dose Bier in der Hand, anscheinend war sie leer. Der Feind warf sie in weitem Bogen in die Limmat. Das machte er fast jeden Tag, und wenn das so weiterging, würde flussabwärts bald das Limmatknie stauen.

Er entdeckte die schlafende Frau. Prüfend beugte er sich zu ihr, um sich zu vergewissern, dass sie ihn nicht bemerkte.

Munk spürte, wie sich ihm die Nackenhaare sträubten. Was hatte er vor mit dieser Frau, die Munk so sehr an sein Frauchen erinnerte?

Der Feind sah sich kurz um, wühlte in ihrer Einkaufstasche und zog mit einem zufriedenen Grinsen einen abgewetzten Geldbeutel hervor. Er steckte ihn in seine Hosentasche und hatte seine Hand schon wieder im Beutel, als die Frau ein leises Schnarchen von sich gab.

Der Feind erstarrte zu Stein, aber Sekunden später packte er den Rollator und rannte, ihn vor sich herschiebend, damit davon.

Munk verfolgte ihn über die Böschungsmauer balancierend. Der Bursche kreischte vor Lachen und bog links auf den schmalen Weg ab, der hinter den Häusern direkt am Wasser entlangführte. Munk schielte verunsichert um die Ecke. Hier gab es keine Fluchtmöglichkeiten, und die Gefahr, dass er ihn entdecken könnte, war ziemlich groß. Dann würde er wahrscheinlich wirklich im Wasser landen.

Aber im Wasser landete etwas anderes. Der Rollator.

Der Feind hatte anscheinend den Spaß daran verloren und warf ihn mit Schwung in die Limmat. Ohne sich noch einmal umzusehen, trottete er mit der Einkaufstasche davon.

Munk setzte sich. Er wollte nicht zurück und mitansehen, wie es der armen Frau erging, wenn sie aufwachte. Wie sie entdecken würde, dass ihre Einkäufe und ihr Geld verschwunden waren. Wie sie nach Hause kommen würde ohne den Rollator.

Am liebsten hätte Munk diesem Bürschchen auf der Stelle die Augen ausgekratzt.

Er wollte Rache. Und er bekam sie noch am selben Tag.

Es war spät. Fast Mitternacht, als Munk die Halde hinaufspazierte. Beim Trudelhaus war schon alles dunkel und er setzte sich neben den Brunnen bei der Langen Stiege. Eine steile, ausgetretene Treppe und der kürzeste Weg hinunter in die Kronengasse.

Da hörte er ihn.

Er kam durch die Rathausgasse getorkelt, vor sich hin schimpfend wie immer. Nur beim Polizeiposten schwieg er für ein paar Meter. Als er durch den Torbogen vom Stadthaus gestampft kam, richtete Munk sich auf.

Die Stiege!

Der Feind steuerte schwankend auf die Stiege zu. Er war sturzbetrunken.

Munks ganzer Körper vibrierte vor Anspannung.

Es würde wehtun. Sehr weh, und vielleicht würde Munk sich sämtliche, seiner morschen Knochen brechen.

Aber er würde es tun. Er musste es tun!

Jetzt!

Als der Feind den Fuß hob, um die erste Treppenstufe zu nehmen, warf sich Munk dazwischen.

Und es schmerzte.

Schlimmer, als Munk befürchtet hatte.

Die Rippen, der Kopf. Harte Schläge, während er zusammen mit dem Burschen die Treppe hinunterkollerte wie eine Ladung Steine.

Sich überschlagend und ineinander verwickelt, untrennbar.

Anfangs kreischte und brüllte der Feind noch, während er vergeblich versuchte, irgendwo Halt zu finden.

Dann war er plötzlich still, und Munk schaffte es, sich aus dem Gewirr von Beinen und Armen zu befreien. Schnaufend blieb er auf einer Stufe liegen. Nach einer Ewigkeit sah er nach unten.

Aber da gab es nichts mehr zu sehen und auch nichts zu hören.

Munk rappelte sich auf, und kroch mit zitternden Flanken die Stufen hoch. Es schien ewig zu dauern, und jede Faser seines Körpers bettelte darum, einfach nur still liegen zu bleiben.

Endlich, endlich war es geschafft. Munk ließ sich schnaufend auf die Seite fallen und sah sich um.

Über ihm stand der Mond und zog ein lachendes Gesicht. Neun Leben hat eine Katze, und anscheinend war noch eines übriggeblieben.

In Baden steht ein Schlösschen

Was viele gar nicht wissen: In Baden leben und arbeiten Menschen aus fast hundert verschiedenen Nationen. Von wegen Kleinstadt, hier ist trotz der geringen Größe nichts kleinlich! Nun gut, für jemanden, der aus einer Großstadt mit ein paar Millionen Einwohnern hierher kommt, könnte es schon eine Umstellung sein. So wie für Dirk Kohlmann, der Berlin eigentlich nie verlassen wollte ...

Dirk Kohlmann war zutiefst frustriert. Aber er hatte keine Wahl gehabt. Sein Chef hatte ihm die Pistole auf die Brust gesetzt. Versetzung oder Kündigung. Und mit fast sechzig, ohne Ersparnisse und körperlich ein halbes Wrack, was blieb da noch?

Versetzung. In die Schweiz. Auch das noch ...

Kohlmann hatte auf Zürich gehofft. Das war die einzige Stadt in diesem Land, die er kannte. Allerdings auch nur wegen einer Fernsehreportage, die er sich aus Langeweile angeschaut hatte.

Doch es war Baden.

Baden? Wo zum Teufel liegt denn das? Kohlmann musste das zuerst einmal googeln. Ach du meine Güte! Eine Kleinstadt! Im Vergleich zu

Berlin etwa so groß wie ein Ameisenhaufen neben einer Scheune.

Der Himmel steh mir bei!

Es war ja nicht so, dass Kohlmann nicht in der Welt herumgekommen wäre. Ein paar Reisen hatte er schon unternommen, aber für ihn gab es nur einen Ort, an dem er sich wohlfühlte, und das war nun mal Berlin. Basta.

„Die haben sicher gute Luft dort“, sagte seine Mutter zu ihm, als er ihr von seinem Schicksalsschlag berichtete.

Das war wieder einmal typisch für sie. Seine Mutter würde ihm, selbst wenn er auf dem Weg aufs Schafott wäre, noch von der guten Luft auf dem Richtplatz vorschwärmen.

Für seine Mutter war gute Luft das Allheilmittel. Bei ihr schien das zu funktionieren. Sie war dreiundneunzig, fit wie ein Turnschuh und hatte einen Terminkalender wie der Manager eines Konzerns.

Und keinerlei Erbarmen. Hatte sie nie gehabt. Mit ihrem einzigen Sohn schon gar nicht.

Er hatte zwei Ehen in den Sand gesetzt, einen Sohn, der außer Geld nichts von ihm wollte, und sein Konto geleert für eine asiatische Schönheit, die verschwunden war, als er seine teure Wohnung nicht mehr hatte bezahlen können.

„Hättest du dich mehr bewegt, auf eine gesunde Ernährung geachtet, aufgehört zu rauchen und die Finger vom Alkohol gelassen, wäre das alles nicht passiert“, hatte seine Mutter gemault, als er gezwungen war, wieder bei ihr einzuziehen.

„Ja ja, ist schon recht Mutter, ich weiß, frische Luft.“ Am liebsten hätte er ihr den Hals umgedreht. Wie sie dastand wie das blühende Leben und ihn finster anstarrte. Aber er war leider auf sie angewiesen.

„Ja genau! Dann wäre dein Hirn nicht so vernebelt gewesen.“

So ganz unrecht hatte seine Mutter ja nicht. Aber seine Exfrauen hatten ihn ausgenommen wie eine Weihnachtsgans, sein Chef war ein kaltherziger Schnösel, seine Kollegen lahme Ärsche, und um all das zu ertragen, hatte er sich ja irgendwie trösten müssen.

Bis er vor zwei Monaten auf dem Gehsteig zusammengeklappt war wie ein Schweizer Taschenmesser. Ha! Wahnsinnig witzig.

„Ich muss es Ihnen ganz deutlich sagen.“ Der Arzt hatte mit irgendwelchen Papieren vor seiner Nase herumgefuchtelt und ein ziemlich ernstes Gesicht gezogen. „Ihre Werte sind ein Fiasko. Wieso Ihre Leber, Ihr Cholesterin und Ihre Nieren in einem solchen Zustand sind, wissen Sie wahrscheinlich selbst am besten. Und dass Ihr Herz das überhaupt nicht mehr lustig findet, hat es Ihnen heute Morgen überdeutlich zu verstehen gegeben."

Ein Scherzkeks, dieser Doktor. Kohlmann hatte sich die ganze Litanei geduldig angehört und die Klinik, eingedeckt mit guten Ratschlägen, die von seiner Mutter hätten stammen können, und einem Stapel Rezepte verlassen.

Nun also die Schweiz. Baden.

Vielleicht ist es ja sogar so etwas wie ein Neuanfang, hatte er gedacht. Seine Mutter hatte ihm geholfen, die Koffer zu packen, und dabei richtig glücklich ausgesehen.

Aber es war grauenvoll. Einfach grauenvoll! Er bekam Kopfschmerzen von dieser Luft und … und … – einfach von allem. Hier war nicht nur alles anders als in Berlin, hier war alles völlig anders.

Angefangen mit der Sprache. Selbst, wenn die Leute sich bemühten, Hochdeutsch zu sprechen, konnte er sie kaum verstehen. Er wunderte sich, dass sie nicht alle unter Halsschmerzen litten. Halsweh, sagten sie hier dazu.

Man stelle sich das mal vor!

Er hatte sich sogar überlegt, ob er nicht eher Englisch sprechen sollte. Das konnten hier anscheinend alle.

Aber die sollen sich gefälligst um eine korrekte Aussprache bemühen, dachte er grimmig.

Für den Anfang hatte ihm die Firma ein Einzimmerapartment unten in den Bädern gemietet. Tote Hose – und spätestens um Mitternacht, wurden die Gehsteige hochgeklappt.

Ach Berlin!

In der Abteilung war er freundlich aufgenommen worden, aber irgendwie gelang es ihm nicht, einen Draht zu seinen Kollegen zu finden. Er hatte auch keine Lust dazu. Er wollte nicht hier sein, er wollte nur wieder nach Hause. Selbst, wenn das bedeutete, dass er wieder mit seiner Mutter zusammenleben und ihre Sticheleien ertragen müsste.

„Sie müssen sich mehr für die Leute und das Leben hier interessieren“, sagte eine Kollegin zu ihm, die schon seit drei Jahren in Baden lebte.

Drei Jahre! Mein Gott, die Frau hatte einen Orden verdient.

„Man kann hier so viel unternehmen, es gibt großartige Lokale, oder machen Sie doch wenigstens mal bei einer Stadtführung mit.“

Fehlt eigentlich nur noch, dass sie jetzt die frische Luft hier preist, dachte er missmutig.

„Hier, nehmen Sie das und schauen Sie es sich in Ruhe an.“ Sie legte ihm einen Stapel Prospekte und Hefte auf den Schreibtisch. Das Stadtwappen und der Turm zierten die Titelseiten.

„Danke. Mach ich.“ Man soll ja nicht unhöflich sein.

Als Feierabend war, wollte er eigentlich alles in den Papierkorb werfen, aber schließlich stopfte er das Zeug in seine Tasche.

Dann ging er in den Biergarten. Für seine Begriffe ein Gärtchen, aber dass die hier mitten in der Stadt eine Brauerei hatten, imponierte ihm ein wenig. Und dieses Müller Bräu schmeckte gar nicht mal schlecht. Es war Freitagabend, und um ihn herum lachten und redeten die Gäste. Während er sein Essen in sich hineinschaufelte, beobachtete er die Einheimischen.

Sehen eigentlich ganz normal aus, dachte er. Schade, dass es keine Berliner sind.

„Proscht und en guete!", rief sein Tischnachbar und hob sein Glas. Nach dem ersten Schreck stellte Kohlmann fest, dass gar nicht er gemeint war, sondern ein Grüppchen junger Frauen in bester Feierlaune.

Auf dem Heimweg ging er noch ins Hirschli. Ja, Hirschli, nicht etwa Hirsch.

Das war hier auch so etwas. Diese Verniedlichungen am Wortende. Tröpfli, Deckeli, Gürkli ... und so weiter und so fort. Zum Wahnsinnigwerden.

Er kontrollierte seinen Geldbeutel, ob er noch genug Schweizer Franken hatte. Ja, hier wollten die keine Euro, und er war gezwungen, sich an diese Scheine und Münzen zu gewöhnen. Er kam sich wirklich vor wie ein römischer Legionär, so wie in diesem Dorf in Gallien. Abgeschottet vom Rest der Welt. Fehlte nur noch, dass irgendwo die Schweizer Version von Obelix mit einem Wildschwein auf der Schulter auftauchte.

Aber es war eigentlich eine coole Bar, dieses Hirschli. Fast wie in Berlin. Und der Barmann war auch cool. Als Kohlmann nach dem vierten Gin völlig betrunken vom Barhocker fiel, irgendwie nicht mehr so richtig. Er verwendete jedenfalls keine Wörter mehr mit einem „li“ am Ende, sondern bugsierte ihn höflich, aber bestimmt aus der Tür.

Samstagmorgen. Kohlmann erwachte mit einem Brummschädel, und das Erste, was er sah, waren die Prospekte. Ausgebreitet wie ein Fächer lagen sie auf dem winzigen Schreibtisch, der in seinem Zimmer stand. Ein Sonnenstrahl fiel darauf, als hätte seine Mutter direkt aus Berlin einen Scheinwerfer darauf gerichtet.

„Frische Luft! Geh mal an die frische Luft.“

Irgendwie konnte Kohlmann an diesem Morgen sämtliche Organe in seinem Körper spüren, die laut seinem Arzt kurz vor dem Exitus standen.

Na schön. Ich seh mir das mal an.

Den Rest des Morgens verbrachte er damit, die Prospekte zu studieren, während er seine vielen bunten Tabletten mit schwarzem Kaffee hinunterspülte. Sein Herz klopfte immer noch erbarmungswürdig in seiner Brust, als wolle es die Flucht ergreifen.

Sicher ist sicher, dachte er und steckte sich noch ein paar von den Tabletten in die Hosentasche, bevor er ging. Er hatte sich einen Plan zurechtgelegt. Er würde jetzt dieses Fremdland erkunden. Natürlich nicht alles zu Fuß, man soll ja nicht übertreiben. Er marschierte die Limmatpromenade entlang – nicht mal Schiffe fahren hier! – und wollte in den Lift steigen, der ihn auf den Bahnhofplatz bringen würde.

Denkste! Außer Betrieb.

So eine Sch…! Es blieb ihm nichts anderes übrig, als sich die steile Treppe hinauf zu quälen. Verdammter Mist!, fluchte er innerlich, als er endlich oben ankam. Er hatte weiche Knie und rang nach Luft. Die seltsamen Sprünge, die sein Herz vollführte, ignorierte er.

Trinken, ich brauch was zu trinken.

Er fand sich beim Bahnhofbüffet wieder, wo ihm ein kühles Bier sozusagen das Leben rettete. Deshalb konnte ein zweites ja nicht schaden, und während er es trank, recherchierte er auf seinem Handy, welchen Bus er nehmen musste.

Baldegg. Die hatten hier so was wie einen Berg. Dahin wollte er, da gab es sogar einen

Aussichtsturm. Wie weit war das? Zur Sicherheit trank er noch schnell ein drittes Bier.

Der Busfahrer musste ihn an der Endstation wachrütteln. Er stolperte um die Hausecke und fand sich im größten Trubel wieder. Die Gartenwirtschaft des Restaurants war voll besetzt, es wimmelte von Kindern und hechelnden Hunden, die anscheinend schon einiges hinter sich hatten.

„Sicher einen Spaziergang an der frischen Luft!“ Ja ja, schon gut, Mutter.

Kohlmann ließ sich an den letzten freien Tisch plumpsen und bestellte sich Weißwein. Er musste schließlich wieder richtig zu sich kommen. Er konsultierte seinen Prospekt.

Ach, sieh an, bis zu diesem Turm waren es keine zweihundert Meter mehr. Typisch, alles klein hier und sicher kein Turm, sondern ein Türmli.

Er war fest entschlossen, an seinem Plan festzuhalten, und schließlich stand er mit durchgeschwitztem Hemd davor.

Sollte das ein Witz sein? Er hatte ja nicht gerade den Fernsehturm erwartet – zweihundertdrei Meter ragte der in den Berliner Himmel –, aber das hier? Was konnte man von dort oben schon groß sehen?

Bergli.

Und dafür die ganzen Treppen hochsteigen?

Das musste nicht sein, also machte er kehrt und stapfte über den gepflegten Rasen der Liegehalle. So hieß diese grüne Oase, wo ein paar Tische unter Markisen und Bäumen standen und eine himmlische Ruhe herrschte. Vom Grill waberte der Duft von Bratwürsten und Steaks und ließ ihm das Wasser im Mund zusammenlaufen. Plötzlich wurde ihm bewusst, dass er den ganzen Tag noch nichts gegessen hatte. Außer, man zählte Tabletten zu den Nahrungsmitteln.

Er ergatterte einen Tisch etwas abseits und arbeitete sich dann durch die Speisekarte. Also das musste man denen lassen, es schmeckte lecker, was die hier so fabrizierten. Zufrieden spülte er nach jedem Gang mit Wein und Bier nach. Als ihm ein wenig schummerig wurde, schluckte er zur Sicherheit noch ein paar Tabletten. Nachdem er seinen zweiten Kaffee mit Schnaps intus hatte, fiel ihm auf, dass er der letzte Gast war. Außer dem Personal, das mit Aufräumarbeiten beschäftigt war, waren alle verschwunden.

Die Zeit an der frischen Luft war wie ihm Flug vergangen.

„Wann fährt denn der Bus zurück in die Stadt?“

„Oh, da müssen Sie sich beeilen. Der Letzte fährt in fünf Minuten.“

So ein Mist!

Er warf ein Bündel Geldscheine auf den Tisch und taumelte davon. Den ganzen Weg nach Hause laufen? Um Gottes willen, von einer Wanderung war nie die Rede gewesen.

Irgendwie wollten ihm seine Füße nicht richtig gehorchen, und das Letzte, was er sah, waren die Rücklichter, als der Bus um die Kurve verschwand. Dann wurde es dunkel um ihn.

Sein eigener Herzschlag brachte ihn wieder zu sich. Er dröhnte in seinen Ohren, während ihm der Schweiß aus allen Poren strömte. Verwirrt sah er sich um.

Er musste doch noch losmarschiert sein, den jetzt saß er auf einer Bank, und unter ihm, auf dem Schulhausplatz, rauschte der nächtliche Verkehr. In der Hand hielt er immer noch den aufgeklappten Stadtplan. Er drehte den Kopf und starrte auf die Steinmauern, die hinter ihm aufragten.

Er war auf Schloss Stein gelandet.

Pff, Schloss nannten die das. Da war ja von der Gedächtniskirche in seiner Heimatstadt mehr übrig. Dabei hatte doch niemand im Krieg diese Badener mit Bomben beworfen?

Und weshalb war er ausgerechnet hier gelandet? Irgendetwas hatte er heute Morgen gelesen.

Whisky und Moritaten auf Schloss Stein. Führung und Degustation der besonderen Art.

Ja, genau, es hatte ihn sofort interessiert.

Die hatten hier nicht nur Bier, sondern in der Mittleren Gasse auch einen Laden mit preisgekrönten schottischen Whiskys. So eine Degustation wäre genau das Richtige für ihn gewesen, aber natürlich war es längst vorbei. Keine Spur mehr zu sehen von dem, was hier vor ein paar Stunden stattgefunden hatte. Den Moritaten trauerte er nicht nach, aber einen guten Whisky hätte er zu schätzen gewusst. Er streckte die schmerzenden Beine aus, und da rollte etwas unter der Bank hervor.

Eine Flasche. Und sie schien noch fast voll zu sein.

Überrascht hob er sie auf und musste sie dicht vor die Nase halten, um das Etikett zu entziffern. Whisky. Tatsächlich. Vergessen worden oder ein Geschenk des Himmels. Egal.

Umständlich öffnete er die Flasche und schnüffelte daran. Boah, ein edles Tröpfchen.

Tröpfli! Er kicherte und begann zu trinken. Nach diesem langen Marsch hatte er sich das redlich verdient. Außerdem war ihm leicht übel, und Whisky war ja so was wie Medizin. Schmeckte aber bedeutend besser als diese Tabletten.

Rite, rite, Rössli,
z'Bade schtoht es Schlössli,
z'Bade schtoht es goldigs Huus,
do lueget drei Mareie druus …

Wie bitte? Für ihn klang das wie Chinesisch, was diese junge Frau da leise sang, die urplötzlich wie aus dem Nichts vor ihm aufgetaucht war. Er blinzelte durch die Schlieren, die ihm den Blick trübten.

„Kennst du dieses Lied nicht?“ Die Frau saß auf der Mauer, und hinter ihr glitzerten die Lichter der Stadt.

„Nö“, brummte er.

Die Flasche war schon fast leer, und er fühlte sich ganz seltsam. Vor allem, weil sich das Gesicht der jungen Frau zu verflüssigen schien. Sein Herz machte ziemlich verrückte Turnübungen, und auf einmal wurde ihm schlecht.

„Ich hab’s dir immer gesagt, aber mein Herr Sohn wusste es ja besser.“ Das Gesicht hatte wieder eine feste Form angenommen, und nun starrte er fassungslos in die Augen seiner Mutter.

„Du? Was zum Teufel machst …“

„Herr Kohlmann, ich habe eben diese Datei geöffnet und festgestellt, dass Ihre Uhr abgelaufen ist.“

Sein Chef, dieser pingelige Lackaffe, saß mit einem Laptop auf den Knien neben seiner Mutter und wackelte sorgenvoll mit dem Kopf.

„Was … was für eine Uhr denn?“, brüllte Kohlmann. Er hatte das Gefühl, sein Kopf würde jeden Moment platzen.

„Ein Fiasko. Das totale Fiasko!“ Sein Arzt wedelte den beiden mit irgendwelchen Papieren in der Hand vor dem Gesicht herum.

Kohlmann starrte auf die Seiten voller Tabellen, die plötzlich durch die Luft flatterten wie aufgescheuchte Tauben.

Sein Herz verabschiedete sich mit einem letzten, harten Schlag, und während er für einen kurzen Moment über der Stadt zu schweben schien, stellte er fest, dass dieser Ort doch eigentlich sehr schön war.

Er wäre gerne noch ein wenig geblieben.

Sein Chef informierte seine Mutter mit schonungsvollen Worten über den plötzlichen Tod ihres Sohnes.

„Ach, er wollte einfach nie auf mich hören! Aber wenigstens ist er an der frischen Luft verschieden“, seufzte sie und legte auf.

Auf gute Nachbarschaft

Eine gute Nachbarschaft ist Gold wert. Da stimmen Sie mir sicher zu. Manch einer hat das Glück und schließt sogar Freundschaften mit den Menschen in seiner näheren Umgebung.

Aber, selbst wenn nicht, solange Toleranz und Rücksichtnahme das Miteinander bestimmen, lässt es sich leben.

Frau Hasel kann davon nur träumen. Seit dieser junge Mann in die Wohnung neben ihr gezogen ist…

Bummbummbummbumm.

Seit drei Stunden.

Frau Hasel presste sich die Hände auf die Ohren. Aber es nützte nichts.

Bummbummbummbumm.

Das tiefe Wummern der Bässe drang durch die Mauern und vibrierte in ihrem Magen. Ihr Herz war aus dem Takt geraten und schlug rasend schnell im Rhythmus der Musik aus der Wohnung nebenan.

Techno. Ja, das war unüberhörbar Techno. Frau Hasel war zwar schon eine ältere Dame, aber nicht von gestern. Sie hätte weinen können vor Verzweiflung. Seit Wochen ging das nun so. Seit diese … diese Leute in die Wohnung neben ihr gezogen waren. Eigentlich nur ein junger Mann, Silvio Irgendwer, sie konnte seinen Nachnamen einfach nicht behalten. Aber zwischenzeitlich musste er ein Massenlager errichtet haben, so viele Menschen gingen bei ihm ein und aus. Tag und Nacht.

Sieben Tage in der Woche.

Und sie alle liebten Musik. Möglichst laut.

Bummbummbummbumm.

Die Wände in diesem Mehrfamilienhaus aus den Siebzigerjahren waren ohnehin so dünn, dass Frau Hasel immer sofort gemerkt hatte, wenn ihr ehemaliger Nachbar erkältet war.

Jeder Huster, jedes Niesen von ihm hatte sie in ihrer eigenen Wohnung zusammenzucken lassen.

Und im Bad war es besonders schlimm. Denn die Bäder lagen spiegelverkehrt nebeneinander, und Frau Hasel musste des Öfteren die Flucht ergreifen, wenn sie nicht alle Details seiner morgendlichen Beschäftigungen mitbekommen wollte.

Sie hatte sich darüber geärgert, aber wenn sie geahnt hätte, was ihr mit diesem Nachmieter blühen würde, hätte sie den guten Mann auf Knien angefleht zu bleiben.

Bummbummbummbumm …

In der plötzlichen Stille klingelten Frau Hasel die Ohren.

„Spiiiiinnst duuuuu? Du blöder …“ Eine kreischende Frauenstimme. Der Rest des Disputs ging unter.

Bummbummbummbummbumm.

Frau Hasel wohnte schon seit Jahrzehnten im Meierhofquartier. Die Lage war ideal. Die Miete trotz Zentrumsnähe noch bezahlbar, die Busverbindungen ließen nichts zu wünschen übrig, und einen Quartierladen gab es auch. Sogar eine Bäckerei, wo man Kaffee trinken, sich von Gebäck verführen lassen und einen Schwatz mit den Leuten halten konnte. Was braucht eine alleinstehende Frau mehr?

Gute Schuhe.

Denn Frau Hasel war am liebsten draußen in der Natur. Sie streifte jeden Tag durch den Wald – und das bei jedem Wetter. Wald gibt es links und rechts des Quartiers, und mit den Jahren kannte sie selbst die verschlungensten Pfade so gut, dass sie auch in stockfinsterer Nacht noch nach Hause gefunden hätte. Am meisten liebte sie den „Tüfels Chäller“. Ein geradezu mystischer Ort.

Immer, wenn Frau Hasel dort herumspazierte, hatte sie das Gefühl, in einer anderen Welt zu sein. Dem Teufel war sie allerdings noch nie über den Weg gelaufen, und auch niemand, den sie kannte, hatte ihr von einer solchen Begegnung erzählt.

Aber möglich wäre es.

Ja, durchaus.

Denn in diesem Naturreservat herrscht eine eigentümliche Urwaldstimmung. Höhlen, Schluchten und Pflanzen, geheimnisvoll und märchenhaft. Es fällt nicht schwer zu glauben, dass hier alles passieren kann.

Bummbummbummbumm.

Frau Hasel sprang vom Sofa. Es hatte keinen Sinn, schon wieder die Hausverwaltung anzurufen. Das Fräulein dort versprach jedes Mal, sich darum zu kümmern, aber passiert war … gar nichts.

Frau Hasel musste aus dem Haus, das inzwischen nicht mehr ihr Zuhause war, sondern eine Folterkammer. Sie wollte in den Tüfels Chäller und hoffte, dass die himmlische Ruhe dort ihren Herzschlag und ihr Gemüt beruhigen würden.

Aber zuerst wollte sie noch den Briefkasten leeren. Das hatte sie am Vormittag ganz vergessen. Außer Werbung und Rechnungen würde sie wohl nichts vorfinden. Es gab nicht viele, die ihr schreiben könnten, außerdem kommunizierte man ja heute per SMS und Mail.

Als sie, wie erwartet, nur mit der Gratiszeitung und einem Brief von der Stadt – Abteilung Steuern, um genau zu sein – aus dem Lift trat, prallte sie fast in einen jungen Mann. Er murmelte irgendetwas, das wohl ein Gruß sein sollte, und zwängte sich an ihr vorbei.

Es roch unverkennbar.

Pizza, es gibt wieder Pizza, dachte Frau Hasel.

Fast täglich. Der junge Mann war bei einem Pizzaservice angestellt und anscheinend ein Freund dieses Silvios, wie hieß er gleich schon wieder? Wenn er sich wegen der lauten Musik nicht bemerkbar machen konnte, drückte er unten auf alle Klingeln, bis ihm jemand öffnete, deponierte die Schachteln vor der Wohnung und machte sich auf den Weg zu seiner zahlenden Kundschaft.

Bummbummbummbumm.

Der Boden auf der Etage war bis vor die Lifttür mit Dreck übersät. Papier, Zigarettenstummel und zwei leere Pappbecher. Die beiden Pizzaschachteln thronten auf einem Berg ausgetretener Turnschuhe und genagelten Stiefeln.

Frau Hasel rümpfte die Nase, und als sie spürte, wie ihr Absatz auf einem ausgespuckten Kaugummi haften blieb, fasste sie seufzend einen Entschluss.

Sie holte einen Besen, einen Putzeimer und einen Abfallsack. Mit spitzen Fingern sammelte Frau Hasel alles ein. Am liebsten hätte sie auch noch die Pizza und die Schuhe in den Sack gestopft. Während sie über die Risiken einer solch radikalen Entsorgung nachdachte, wurde die Tür aufgerissen. Ihr junger Nachbar starrte sie, nur mit Unterhose bekleidet, entgeistert an. Frau Hasel hielt sich vor Schreck an ihrem Besen fest.

„Starten Sie oder landen Sie?", fragte er und kratzte sich unter den Armen.

„Wie bitte?"

„Na, ich dachte wegen dem Besen. Hexen können doch fliegen, oder etwa nicht?"

Er begann zu lachen.

Zuerst klang es noch ganz normal. Aber dann steigerte er sich hinein, bis er schließlich kreischend wie ein altes Weib, rückwärts gegen die Tür fiel und auf dem Boden landete. Das Türblatt schlug mit einem lauten Knall gegen die Wand.

Zum ersten Mal konnte Frau Hasel in die Wohnung sehen.

Frau Hasel schnappte nach Luft.

Es war eine einzige Müllhalde. Berge von Dingen, die sie auf den ersten Blick gar nicht identifizieren konnte, türmten sich bis fast an die Decke. Das, was von den Wänden noch zu sehen war, war verschmiert, mit was auch immer. Frau Hasel wollte das auf gar keinen Fall wissen. Das Schlimmste waren die überquellenden Abfallsäcke, die in wildem Durcheinander im Flur standen. Frau Hasel kniff die Augen zusammen. Etwas schien sich dort zu bewegen.

Im Geiste sah sie schon weiße Maden, die sich durch Steckdosen und die Lüftungsgitter einen Weg in ihre Wohnung bahnten. Käfer, Wanzen, die unter dem Türspalt gekrabbelt kamen.

Bummbummbummbumm.

In diesem Tempo. Heerscharen von ihnen. Unaufhaltsam. Genau wie diese Musik.

„Ist das diese blöde Kuh, von der du mir erzählt hast?“ Eine junge Frau mit zerzausten Haaren erschien mit einer Bierdose in der Hand.

Barfuß, sie lief barfuß über den dreckigen Boden, und Frau Hasel rechnete damit, dass sie beim nächsten Schritt kleben blieb.

„Ja, genau“, sagte Silvio immer noch kichernd. Er packte die Türklinke und zog sich daran hoch. Dabei rutschte seine graue Unterhose noch ein Stück. Frau Hasel war vor Schock immer noch bewegungsunfähig, aber wenigstens schaffte sie es, die Augen vor diesem Spalt auf dem blassen Hintern abzuwenden.

„Ja, darf ich vorstellen? Frau Mecker, Frau Jammer, die Frau Scheißnachbarin, die nichts weiter zu tun hat, als bei der Hausverwaltung Stunk zu machen. Die den ganzen Tag mit dem Ohr an der Wand klebt und aufpasst, was wir machen, um sich dann zu beschweren!“

Inzwischen lachte Silvio nicht mehr, sondern funkelte sie zornig an.

„Ja? Hast du mitgehört?“ Die junge Frau war näher gekommen und stupste ihr mit dem Zeigefinger auf die Brust. „Ich hoffe, du hast etwas dabei gelernt, du vertrocknete, alte Vettel!“

Frau Hasel wunderte sich, dass sie nicht einfach tot umfiel vor Zorn. Sie riss den Mund auf und wollte loslegen.

„Ach komm, lass", sagte Silvio, packte die Pizzaschachteln und zog seine Freundin zurück in den Flur. „Lass doch die Alte machen, was sie will. Und hey, gar nicht mal so übel, wenn die hier saubermacht. Also schön weiterputzen, kapiert?"

Es gab einen Windstoß, als er die Tür zuknallte.

Einen Luftzug, getränkt von abscheulichen Gerüchen.

Verwesung. Für Frau Hasel stank es nach Verwesung.

Mit zitternden Knien wankte sie zurück in ihre Wohnung.

Bummbummbummbumm.

Sie nahm es gar nicht wahr, als sie auf das Sofa fiel. So erschöpft und mitgenommen wie noch nie in ihrem Leben.

Wie von einem Sturm aufgewirbelte Blätter fegten die Gedanken durch ihren Kopf. Wut, Empörung, Verzweiflung, sie konnte nicht mehr klar denken.

Frau Hasel versuchte, zu sich zu kommen. Eine Lösung zu finden. Sie hatte ja schon vieles durchgemacht und noch immer einen Weg gefunden. Schon als junge Frau hatte sie sich nie unterbuttern lassen, und auch heute noch kam sie gut zurecht. Trotz ihrer silbernen Haare und den unzähligen Linien, die sich in ihr Gesicht eingegraben hatten, durfte man sie nicht unterschätzen.

Nur über meine Leiche, pflegte sie zu sagen, wenn sie etwas nicht akzeptieren konnte.

Und sie dachte nicht daran, frühzeitig das Zeitliche zu segnen.

Sie musste hier raus.

Blind vor Tränen schlüpfte sie in ihre Schuhe, griff nach einer Jacke und stürmte aus dem Haus. Sie lief einfach immer weiter, bis sie nicht mehr konnte und außer Atem auf einen moosbewachsenen Stein plumpste. Sie sah sich um.

Ich bin im Tüfels Chäller gelandet, stellte sie fest, ohne wirklich überrascht zu sein. Ja, wo sonst.

Nirgends war es so schön und so still. Es war, als wäre das hier die wirkliche Welt und alles andere nur ein Traum.

Ein Albtraum!

Es war Spätsommer, am frühen Morgen hatte es noch geregnet, und der Wald war erfüllt von diesem eigentümlichen, verwirrenden Duft, den es nur hier gab.

Des Teufels Parfüm.

Über den Waldboden tanzten kleine Lichtpunkte wie goldene Münzen. Sonnenstrahlen, die durch die Äste fielen und ihre Aufmerksamkeit erregten.

Frau Hasel runzelte die Stirn, und dann lächelte sie. Sie hatte eine Lösung gefunden.

Ja, ich muss wohl für zwei, drei Tage verreisen. Aber vorher werde ich …

Sie ging auf einen hellen Fleck zu. Als sie sich niederkniete, keckerte eine Elster in dem Baum über ihr.

War das wirklich eine Elster? Es klang wie ein Lachen.

Das Lachen des Teufels.

Ausschnitt aus dem Artikel der Aargauer Zeitung:

„Silvio M. verstarb gestern im Kantonsspital Baden an den Folgen einer Vergiftung mit grünem Knollenblätterpilz. Laut Aussage der Ärzte hätte er sich nach dem Verzehr und den ersten Symptomen sofort in Behandlung begeben müssen. Allerdings sei es nicht ungewöhnlich, dass die Betroffenen zuerst nur eine gewöhnliche Magen-Darm-Störung vermuten. Der Pizzaservice wehrt sich inzwischen per Anwalt gegen den Verdacht, dass eine Lieferung von ihnen mit dem tödlichen Pilz kontaminiert gewesen ist.“

Taxi! Taxi?

So, nun sind wir wieder beim Bahnhof angekommen. Wir waren jetzt doch etwas länger unterwegs. Sind Sie müde geworden? Dann könnten wir uns ein Taxi nehmen.

Aber schauen Sie genau hin, bevor Sie in eines der Autos steigen ...

Elsie plusterte die Federn auf und sah sich kurz um. Die anderen Tauben scharten sich um ein angebissenes Brötchen, das einer der Pendler achtlos auf den Boden geworfen hatte, bevor er in den Zug gestiegen war. Aufgeregt gurrend hackten sie in die knusperige Rinde, zupften und zerrten daran, bis auch der letzte Krümel in den Schnäbeln verschwunden war. Der Lautsprecher knisterte, und während die Ankunft des nächsten Zuges angekündigt wurde, flatterte Elsie auf einen der Stahlträger des Perron-Dachs.

Rushhour auf dem Bahnhof Baden. Ein Gedränge und Geschiebe, und während die einen noch unschlüssig mit dem Kaffeebecher in der Hand im Weg standen, bildeten sich vor den Türen des Zuges große Trauben.

Für Elsie wirkte das wie Bienenschwärme, die an einem umgestürzten Baum klebten. Der Pulk vor den Erstklasswagen löste sich rasch auf, aber beim Waggon in der Mitte gab es einen Stau. Koffer, zwei übergroße Koffer waren das Problem. Sie gehörten einer jungen Frau, die anscheinend eine längere Reise vor sich hatte oder gleich auswandern wollte. Zwei Männer in Anzügen versuchten, ihr zu helfen, und kamen einander in die Quere.

„Nehmen Sie den ganzen Haushalt mit?“, rief einer der beiden genervt, nachdem er sich den Finger zwischen Tür und Koffer eingeklemmt hatte.

Die Antwort konnte Elsie nicht verstehen, die Frau rief etwas aus dem Zug, das auch nicht gerade fröhlich klang.

Tja, diese Menschen. Seltsame Gattung. Aber immer interessant.

Elsie lebte seit Jahren auf dem Bahnhof, und in letzter Zeit machte sie sich gar nicht mehr die Mühe, in die Innenstadt zu fliegen. Zu futtern gab es hier genug, und außerdem litt sie seit Tagen unter Magenproblemen.

So wie jetzt.

Elsie reckte den Hals, während sich etwas Unverdauliches aus ihrem Darm verabschiedete.

„Verdammte Scheiße! Du Drecksvieh! Verflucht noch mal, fahr zur Hölle, du fliegende Ratte!“

Elsie blickte nach unten.

Der junge Mann hüpfte herum wie von einer Wespe gestochen, während er abwechselnd die Faust schüttelte und mit einem Taschentuch über den Fleck wischte, den Elsie auf seiner Schulter hinterlassen hatte.

„Ach herrje, der schöne Anzug“, sagte eine ältere Dame mitfühlend, die an ihm vorbei trippelte.

„Ja verdammt!“, brüllte der Mann sie an. „Der ist maßgeschneidert! Verstehen Sie? Sauteuer! Fahr doch zur Hölle, fahrt alle zur Hölle!“ Er sah sie an, als wolle er sie auf der Stelle erwürgen.

Elsie sah ihm hinterher, als er sich, weiter laut fluchend, durch die Wartenden in den Zug zwängte. So, wie sie es von ihm kannte. Rücksichtslos die Ellenbogen gebrauchend, wie jeden Morgen.

Die empörten Kommentare schien er nicht zu hören.

Die Türen fielen zu, der Zug verschwand im Tunnel, und Elsie beschloss, ein Nickerchen zu machen. Sie drehte sich um hundertachtzig Grad, und ihr Blick fiel auf die Taxis.

Vier waren es gerade, die auf ihrem überdachten Platz auf Kundschaft warteten. Die Fahrer standen beisammen, redeten und lachten, und einer von ihnen kaute an einer Brezel.

Elsie beugte sich hinab. Einer frisch gebackenen Brezel konnte sie nie wiederstehen. Den ganzen Tag duftete es danach aus dem kleinen Laden beim Gleis eins. Aber Elsie kannte diesen Mann. Wie immer ließ er nicht den winzigsten Krümel fallen, und wie immer zerknüllte er das Papier und trug es zum Mülleimer ein paar Schritte weiter.

Eine Frau näherte sich dem vordersten Taxi, und nun entstand Bewegung. Die Männer gingen zu ihren Wagen, und als das Taxi davonfuhr, sprangen drei Motoren an, und die kleine Kolonne rollte ein paar Meter weiter. Danach herrschte wieder Ruhe.

Eine Zeit lang war das nicht so friedlich gewesen.

Immer wieder waren fremde Autos ohne erkennbares Taxischild am Bahnhof vorgefahren. Da hatten die Männer lautstark diskutiert, geschimpft, und eines Abends hätten sie sich fast mit einem fremden Fahrer geprügelt. Elsie hatte dieses Auto und den Mann noch nie hier gesehen, und irgendwie hatte sie Verständnis für die ganze Aufregung.

Denn auch in ihrem Schwarm wurden fremde Vögel nicht gerne gesehen, die sich dazwischendrängten und frech nach den größten Brosamen pickten.

Seltsam war nur, dass die Fahrer anscheinend nichts gegen den schwarzen Wagen hatten, der sich nun öfter nach Mitternacht zwischen ihnen einreihte.

Als er das erste Mal aufgetaucht war, auf Hochglanz poliert, die roten Schriftzüge funkelnd im Licht, war Elsie darauf gefasst gewesen, dass er sofort lautstark vertrieben würde. Davongejagt mit ein paar saftigen Verwünschungen. Aber zu ihrer Verblüffung geschah … nichts. Es war, als würden sie ihn gar nicht bemerken.

Elsie hatte fröstelnd darauf gewartet, dass der Fahrer ausstieg und sich zu den anderen gesellte. Aber nichts rührte sich. Hinter den getönten Scheiben herrschte Totenstille. Das schwarze Ungetüm stand da wie ein Klotz. Irgendetwas daran erschien … seltsam. Elsie hatte in dieser Nacht sehr unruhig geschlafen, und als das unheimliche Gefährt am Morgen verschwunden war, fühlte sie sich ganz elend. Seither litt sie an dieser Magenverstimmung.

Aber jetzt war es Tag, die Welt wenigstens hier auf dem Bahnhof in Ordnung, und Elsie konnte beruhigt ein wenig schlafen.

Fahrt doch alle miteinander zur Hölle! Sören Krumm war auf der Heimfahrt und schäumte vor Wut.

Was für ein Scheißtag!

Angefangen mit diesem Mistvieh von Taube, die ihm den teuren Anzug ruiniert hatte. Im überfüllten Zug musste er dann, eingeklemmt wie eine Gurke im Glas, bis zum Hauptbahnhof Zürich stehen. In

Als hätte der Fahrer ihn gehört, leuchtete kurz das Bremslicht auf, bevor das Taxi um die Kurve bei den Parkplätzen vor dem Bahnhof verschwand.

Elsie beobachtete ihn. Sie hatte tief geschlafen, aber von seinem Gebrüll war sie aufgewacht. Während die Glocke der Kapelle oben beim Schloss zwölfmal schlug, wühlte der Mann in seinen Anzugtaschen. Er zog ein Handy hervor und starrte auf das Display.

Das kann jetzt aber nicht sein! Sören Krumm konnte es nicht fassen.

Während der Zugfahrt war sein Handy verschieden. Anders konnte man den Zustand dieses Geräts ja wohl kaum nennen. Er versuchte alles, um es wieder zum Leben zu erwecken, am Ende schüttelte er das Ding wie ein Kind seine Rassel. Zwecklos. Nicht das kleinste Lämpchen leuchtete, das Display blieb rabenschwarz. Es sah aus, als hielte er eine Attrappe in der Hand.

Über seinem Kopf hörte er Flügel schlagen, und als er aufblickte, sah er eine Taube davonfliegen. Ganz sicher die, die ihm heute Morgen auf die Schulter gekackt hatte.

„Friss Gift und geh zum Teufel!“, schrie er Elsie hinterher.

Als er sich umdrehte, zuckte er vor Schreck zurück.

Auf dem Taxistandplatz, der gerade noch leer gewesen war, wartete ein Wagen.

Ein unglaubliches Ding.

Die Limousine war tiefschwarz lackiert, so dass scheinbar alles Licht davon verschluckt wurde. Die roten Schriftzüge, die sich über die Seitentüren zogen, tanzten vor seinen Augen.

Sören Krumm blinzelte und versuchte, sie zu lesen. Jedes Mal, wenn er glaubte, den Namen entziffern zu können, schienen die Buchstaben ineinander zu verschmelzen. Wie flüssiges Metall, das …

Er schüttelte den Kopf. Blödsinn!

Es war wohl heute alles etwas viel gewesen. Aber jedenfalls war das kein Badener Taxi. Diese Nummer kannte er in- und auswendig.

Nullsechsundfünfzig, … zweizwei … undzwanzig, fünfundfünfzig … fünfun…

Zum Teufel auch! Er fühlte sich plötzlich seltsam. Irgendwie schwammig im Kopf.

Ist doch auch völlig egal, woher dieses Ding kommt und wer es fährt, ich will jetzt, verflucht noch mal, nach Hause!

Er riss die Hintertüre auf und warf sich auf den Sitz.

Der Fahrer blickte in den Rückspiegel. Er hatte auffallend grüne Augen. Wie ein Reptil.

„Wohin soll es denn gehen?", fragte er flüsternd, als hätte er eine schlimme Erkältung. „In die Hölle?"

„Was?" Sören Krumm richtete sich kerzengerade auf. Was war denn das für ein Idiot?

„Ich habe gefragt, wohin es gehen soll. Die Adresse bitte."

„Ach so, natürlich." Über sich selbst den Kopf schüttelnd, sagte er sie wie ein Schüler auf.

Der Wagen rollte vom Platz. Fast lautlos, vom Motor war nur ein leises Rauschen zu hören.

Was ist das bloß für eine Automarke?, überlegte Sören, während er sich umsah. Feinstes, rotes Leder, das einen seltsamen Duft verströmte. Und …

Vor der getönten Frontscheibe ragte der beleuchtete Stadtturm in den Himmel.

„Äh, Moment mal!" Er versuchte, dem Fahrer auf die Schulter zu tippen, aber irgendwie wollte ihm die Hand nicht gehorchen. Sie verharrte in der Luft, wie an einem Haken festgemacht. „Sie fahren völlig falsch! Richtung Allmend, also da müssen Sie nach …"

Der Fahrer schien ihn nicht zu hören und bog links ab, in die Rathausgasse.

„Heh! Hallo! Hören Sie schlecht?"

„Es steigen noch ein paar Passagiere zu. Sie haben doch nichts dagegen?"

Noch bevor Sören seiner Empörung Luft machen konnte, rauschte das Auto um die Ecke und hielt vor der Kirche.

„Diese Leute müssen alle in die Hölle."

Was faselt der denn, der spinnt ja total? Verdammt, ich bin zu einem Geisteskranken ins Auto gestiegen!

Sören wollte aus dem Auto flüchten. Lieber zu Fuß die ganze Strecke nach Hause laufen, als bei diesem Irren sitzen zu bleiben.

Weiß der Teufel, was der vorhatte!

Die Tür wurde aufgerissen und er in den Sitz zurückgedrängt.

Von der alten Frau, die er heute Morgen angebrüllt hatte. Von einem jungen Mädchen, dem er auf dem Bahnhof den Ellenbogen in die Seite gerammt hatte. Von dem Obdachlosen, dessen Pappbecher mit ein paar Münzen Sören mit einem Fußtritt auf die Straße befördert hatte. Sie quetschten sich neben ihn, und so sehr er sich auch bemühte, aus dem Auto zu kriechen, er schien auf dem Sitz regelrecht zu kleben.

Als sein Chef und der CEO auftauchten, brüllte er los.

Denn dem CEO fehlten immer noch ein paar Glieder, und er hatte gewaltige Schwierigkeiten, bis er endlich auf dem Schoß der alten Dame saß.

Der Körper seines Chefs war zwar noch am Stück, aber bei seinem Anblick setzte Sörens Herz für einen Moment aus. Sein Gesicht, es schien sich ... es wabbelte! Also jedenfalls das, was noch davon übrig war.

Sören Krumm kreischte los, dass ihm fast die Stimmbänder rissen.

„Da müssen Sie sich gar nicht wundern!“, gurgelte sein Chef vorwurfsvoll. „Das war die Säure! Hätten Sie sich mal etwas Gescheiteres einfallen lassen.“

„Ja genau! Eine Sauerei ist das“, sagte das Mädchen und streichelte die Taube, die auf seine Schulter geflattert war.

„Und los geht die Höllenfahrt!“, rief der Chauffeur vergnügt und knallte die Türe zu.

Sören Krumm schrie während der ganzen Fahrt.

Sie schien endlos zu dauern. Stundenlang raste das Taxi in einem halsbrecherischen Tempo kreuz und quer durch die Stadt. Manchmal im Kreis und durch sämtliche Fahrverbote. Aber das schien die Polizisten, die sie überholten, kurz bevor sie die Busrampe hinunter preschten, nicht zu interessieren.

„Nur die Ruhe, junger Mann“, sagte sein Chef und klopfte ihm beruhigend auf die Schulter. „Bald sind wir da.“

Es war entsetzlich, diese Hand auf seiner Schulter. Sören war sich sicher, dass ein Stück von ihr auf dem teuren Stoff kleben geblieben war.

„Wo genau sollten wir eigentlich hin?“, fragte die Taube.

„In die Hölle“, wisperte Sören am Ende seiner Kräfte. „Aber ich schwöre, ich habe das doch nicht so gemeint. War doch nur Spaß, bitte, lasst mich hier raus …“

Dann verlor er das Bewusstsein.

Die Magenbeschwerden waren endlich verschwunden, und Elsie stürzte sich voller Eifer ins morgendliche Getümmel. Es ging um ein Stück Kuchen, und auf keinen Fall würde sie auf ihren Anteil verzichten.

Mit großen Trippelschritten steuerte sie darauf zu und verteilte einige Schnabelhiebe, um ihrem Ziel näher zu kommen. Sie wurde kurz abgelenkt, als sie einen Mann bemerkte, der sich zu den Wartenden auf dem Bahnsteig gesellte.

Sie hatte ihn seit Tagen nicht mehr gesehen. Blass und still stand er zwischen den Leuten, ohne den Versuch zu machen, sich vorzudrängen. Elsie hätte ihn fast nicht erkannt.

Das letzte Mal hatte sie ihn gesehen, als er in dieses schwarze Auto eingestiegen war. In dieses fremde Taxi, das, dem Himmel sei Dank, seit jener Nacht auch nie wiederaufgetaucht war.

Jetzt standen nur noch die altbekannten Badener Taxis auf ihrem Platz und warteten auf Fahrgäste.

Elsie hoffte sehr, dass das auch so blieb.

Der perfekte Mord

Jetzt mal ganz ehrlich. Wer hätte nicht schon einmal die größte Lust gehabt, einen unliebsamen Zeitgenossen auf den Mond zu schießen? Oder – auf der höchsten Stufe des Zorns – sogar am liebsten ermordet? Aber da die meisten von uns zivilisierte Menschen sind und so eine Tat höchst unangenehme Folgen nach sich ziehen kann, bleibt es fast immer bei einer Meuchelei in Gedanken. Den perfekten Mord gibt es sowieso nicht. Oder doch?

Flohmarkt auf dem Theaterplatz. Immer am letzten Samstag im Monat die Gelegenheit für Schnäppchenjäger und Schatzsucher, genau das zu finden, was schon lange gefehlt hat. Oder Dinge zu entdecken, von denen man bisher gar nicht wusste, dass man sie braucht.

An diesem herrlichen Tag im Frühsommer schlenderte Caspar Hofner scheinbar interessiert um Marktstände. Die Art und Weise, wie die Waren präsentiert wurden, offenbarte einiges über den Charakter des jeweiligen Händlers. Neben einer älteren Dame, die Schmuck, unzählige Parfümflaschen und Glaswaren auf den Millimeter genau auf dem Tisch ausgerichtet hatte, lag ein unordentlicher Haufen auf dem blanken Holz, der sich bei genauerem Hinsehen als Kleidung und Schuhe entpuppte. Caspar steuerte daran vorbei zu seinem eigentlichen Ziel.

Zu einem der Tische, die vor dem Restaurant Piazza in der Sonne standen. Alle gut besetzt. Aber an diesem Tisch an der Ecke gab es einen freien Stuhl.

„Erlauben Sie?“, fragte er den Mann, der mürrisch in sein Glas starrte.

„Was? Ja.“ Ein nicht gerade geselliger Kerl. Vielleicht etwas über fünfzig, mit mausbraunen, kurzen Stoppelhaaren.

„Vielen Dank.“ Caspar ließ sich mit einem Seufzer auf den Stuhl plumpsen und wischte sich über die Stirn. „Ziemlich warm für diese Jahreszeit, finden Sie nicht?“

Sein Gegenüber antwortete mit einem unverständlichen Grunzen.

Na schön, dachte Caspar, ohne in irgendeiner Weise gekränkt zu sein. Wollen wir doch mal sehen.

„Bringen Sie mir bitte eine Flasche von Ihrem besten Weißwein“, antwortete er mit einem strahlenden Lächeln, als die Bedienung nach seinen Wünschen fragte.

Nun hatte er die Aufmerksamkeit des Fremden. Dunkle Augen, klein wie Stecknadeln musterten ihn, und Caspar konnte förmlich sehen, wie es hinter dieser breiten Stirn arbeitete.

„Ich darf mich doch für Ihre Gastfreundschaft bedanken und Sie auf ein Glas einladen?“, fragte er und streckte dem Mann die Hand hin. „Hofner, Caspar Hofner. Freut mich sehr.“

Überrumpelt ergriff der Mann seine Hand und schüttelte sie. „Äh, ja … danke. Also ich bin … heiße Leo Mürckner.“

„Dann lassen Sie uns auf diesen schönen Tag anstoßen!“ Caspar sorgte dafür, dass die Bedienung die Gläser großzügig füllte.

Seiner neuen Bekanntschaft schien der Wein gut zu schmecken, denn er leerte sein Glas in einem Zug, und Caspar schenkte sofort nach. Er selbst trank nur einen kleinen Schluck und musterte prüfend Leos Gesicht.

Was für ein komischer Vogel!, dachte Leo, aber eigentlich war es ihm egal. Solange er den Wein sponsert ...

Leo fühlte sich nach dem zweiten Glas schon deutlich besser. Eigentlich war es schon sein fünftes. Aber Leo brauchte in der letzten Zeit deutlich mehr Alkohol, um seine ständige Wut und den Ärger in Schach zu halten. Diesen Zorn, der in seinem Magen grummelte, weil er einfach nie die Achtung und Anerkennung bekam, die ihm zustand. Weder von den Kollegen noch von seiner eigenen Frau. Aber wenn dieses Weib so weitermachte, würde er jetzt andere Saiten aufziehen.

Er wurde jäh aus seinen Gedanken gerissen.

„Was glauben Sie. Gibt es den perfekten Mord?"

Fassungslos starrte Leo auf sein Gegenüber. Caspar lächelte spitzbübisch, und nun bemerkte Leo die vielen, feinen Linien in dem Gesicht. Dieser Mann war auch nicht mehr der Jüngste.

„Oh, bitte entschuldigen Sie." Caspar schenkte ihm nach und gab der Bedienung ein Zeichen, gleich noch eine Flasche zu bringen.

„Ich muss das wohl erklären. Also, ich habe eine kleine Marotte. Jeden Tag stelle ich mir und irgendeinem Menschen, der unglücklicherweise meinen Weg kreuzt, eine Frage. Aber natürlich muss es eine ausgefallene Frage sein, sonst wäre es ja langweilig. Zum Beispiel so was wie: Hat jeder Mensch einen Doppelgänger? Oder: Haben Politiker ein Gewissen? Schlafen Fische mit geschlossenen Augen?"

Leo schüttelte innerlich den Kopf. Von wegen komisch, der Kerl ist ja total plemplem!

„Also was denken Sie?" Caspar schien förmlich vor Neugierde zu vibrieren, also ließ sich Leo zu einer Antwort herab.

„Doch, das glaube ich schon."

„Ach."

Diese lapidare Erwiderung stachelte Leo regelrecht auf. Schon wieder jemand, der seine Meinung nicht in gebührendem Maße würdigte!

„Doch! Da bin ich mir todsicher. Es gibt den perfekten Mord, und es ist geradezu lächerlich einfach, ihn zu begehen!"

„Hm. Vielleicht könnten Sie recht haben." Caspar runzelte die Stirn. „Ja, vielleicht."

Denk doch, was du willst! Wütend griff Leo nach der Flasche und schenkte sich selbst nach. Idiot!

Caspar ließ seinen Blick über die flanierenden Leute schweifen, die in einem steten Strom an ihnen vorbeizogen. Einige hielten vergeblich Ausschau nach einem freien Tisch und gingen enttäuscht weiter.

„Vielleicht haben Sie mich ja nicht richtig verstanden?", sagte er nach längerer Überlegung. „Es mag sicher einfach sein, wenn man einen guten Grund oder die Veranlagung dazu hat, jemanden um die Ecke zu bringen. Aber ein perfekter Mord setzt voraus, dass man ungeschoren davonkommt. Und da …, also da sehe ich das eigentliche Problem."

„Was denn für ein Problem?", knurrte Leo. So langsam ging ihm dieser Kauz auf den Wecker, um es vorsichtig auszudrücken.

„Na, die Leiche natürlich!", rief Caspar, offenbar entrüstet darüber, dass Leo nicht von selbst darauf kam. „Man hat eine Leiche am Hals! Und wohin damit? Man kann sie wohl schlecht in den Grüngutcontainer stopfen.“

Leo prustete los. Noch vor einem Augenblick hätte er sich am liebsten davongemacht. Wein hin oder her. Dieses überhebliche Getue und wie dieser Kerl redete. Als ob er etwas Besseres wäre! Dabei war er nur ein totaler Dummkopf, mit leicht entzündlichem Stroh im Kopf. Der vor sich hin plapperte wie seine Frau nach den Nachrichten, die dann glaubte, mitreden zu können, über die wichtigen Dinge.

Na, dann lass mal hören! Mal schauen, was sich zwischen dem Stroh so alles findet. Das wird sicher lustig!

„Genau, die Leiche“, sagte er fröhlich. „Also, was würden Sie denn damit machen?“

Caspar lehnte sich schnaufend zurück. „Mal überlegen. Ich kann ja kein Blut sehen. Aber, selbst wenn. Zerstückeln kommt nicht in Frage. Abgesehen von der unappetitlichen Schweinerei, die dabei entsteht, löst sich das Problem ja nicht wirklich. Man hat ja immer noch eine Leiche. Einfach in Einzelteilen.“

Leo kicherte in sein Glas. „Vielleicht Pakete daraus machen und möglichst an Adressen verteilt auf der ganzen Welt verschicken?“

„Nein, nein.“ Caspar schüttelte den Kopf. „Heutzutage muss man Auslandssendungen deklarieren, Zoll und so. Außerdem möchte ich wirklich niemanden schockieren, der ahnungslos so ein Paket öffnet. Nein, nein. Diese Variante ist gestrichen."

Weichei! Leo grinste. „In Baden haben wir ja eine Kehrrichtverbrennungsanlage. Man kann sogar sein Gerümpel selbst hinbringen. Also gut verpacken und einfach abladen. Und dann … brutzel! Wenn Sie wissen, was ich meine."

„Das, mein Lieber, habe ich mir auch schon überlegt. Aber das funktioniert nicht!"

„Ach, und wieso?", schnaubte Leo. Verdammter Besserwisser. Was spielst du dich so auf?

„Weil kontrolliert wird, was da gebracht wird. Das ist auch verständlich. Es könnte ja weiß Gott was abgeladen werden. Giftige Stoffe, Atommüll oder eben eine Leiche!"

Leo hätte ihm sein überhebliches Lächeln am liebsten aus dem Gesicht geschlagen. Aber die zweite Flasche war noch fast voll. Dieser Schnösel schien keinen Durst zu haben.

„In die Limmat werfen?" Er konnte bei diesem Spiel ja ruhig noch etwas mitmachen. Er hatte sowieso nichts vor. Denn den ganzen Samstagabend mit seiner Frau zu verbringen, war auch nicht das, was er sich unter einem gelungenen Wochenende vorstellte.

„Meine Güte, nein!“ Caspar machte ein Gesicht wie ein Lehrer, der sich mit einem besonders einfältigen Schüler abmüht. „Beim Oederlin-Areal bleibt sie entweder im Wehr hängen oder wickelt sich spätestens im Kappisee einem nichts Böses ahnenden Schwimmer um die Beine. Nein. Die Leiche muss endgültig weg. Für immer verschwinden!“

„Im Keller liegen lassen, bis sie mumifiziert ist.“ Leo wurde es langsam zu dumm.

„Also ich bitte Sie!“ Caspar fuchtelte mit den Händen. „Ich dachte, wir wollten uns ernsthaft über dieses Problem austauschen! Was glauben Sie, wie das stinkt! Ich kann Ihnen sagen! Wir hatten mal eine tote Ratte im Keller. Sämtliche Mieter waren stundenlang auf der Suche, bis endlich die Quelle dieses üblen Geruchs gefunden wurde. Oh nein, das kann man vergessen.“

Leo bediente sich selbst und füllte sein Glas bis zum Rand. Dieses Gerede machte ihn durstig.

„Ich glaube, wir benötigen jetzt eine Stärkung“, sagte Caspar und winkte die Bedienung zu sich.

Inzwischen war es später Nachmittag, auf dem Platz verstauten die Händler ihre unverkaufte Ware in Kisten und luden sie in ihre Autos, die nun anstelle der Kunden den Weg versperrten.

„Ich denke, wir nehmen einfach eine Auswahl der Köstlichkeiten, die man hier in kleinen Gläsern serviert. Und dazu eine Flasche Rotwein?" Bevor Leo antworten konnte, hatte Caspar die Bestellung schon aufgegeben.

„Selbstverständlich sind Sie eingeladen", sagte er, als er Leos Blick bemerkte.

Auch gut, dachte Leo. Zu Hause gibt es heute wahrscheinlich sowieso wieder nur Röschti.

Am Samstag gab es immer Röschti und für ihn noch eine Bratwurst. Weiß der Teufel, wieso seine Frau kein Fleisch mehr essen wollte. Und das Essen hier hätte er sich gar nicht leisten können. Dass es daran lag, dass er einfach zu viel Geld für andere Dinge ausgab, blendete er aus.

Er starrte missmutig vor sich hin und erwachte erst aus seiner Lethargie, als die Bedienung mit einem lauten Plopp die Rotweinflasche entkorkte. Noch während Caspar mit spitzen Lippen den Wein probierte, eilte ein Kellner herbei. Das Tablett beladen mit den angekündigten Gläschen.

Leo merkte erst bei diesem Anblick, dass er einen Bärenhunger hatte, und löffelte los.

Mmh, Lachstartar – und das hier? Fleisch! Ziemlich sicher Rind.

„Schmeckt ausgezeichnet, nicht wahr?"

Leo legte verlegen den Löffel zur Seite. Seine Frau hätte ihn jetzt wahrscheinlich wieder mit diesem waidwunden Blick gemustert und sich für seine Manieren geschämt.

Caspar schien sich nicht im Geringsten daran zu stören, sondern nahm sich nun auch eines der Gläschen. Irgendetwas Grünes und Leo hatte den Verdacht, dass es sich bei dem Inhalt um etwas Vegetarisches handelte.

Kannst du gerne haben, dachte er und griff sich das zweite Lachstartar. Aber er wollte seine großzügige Bekanntschaft noch etwas bei Laune halten und startete einen neuen Versuch.

„Am besten setzt man die Leiche in ein Auto und zündet es an. Bumm! Große Explosion und kostenlose Kremation.“

So, dachte er. Jetzt ist hoffentlich Ruhe bis nach dem Essen.

Caspar war pikiert. „Völliger Unsinn! Mein Lieber, ich glaube, Sie sehen sich zu viele Krimis an.“

Schon wieder dieser überhebliche Blick! Wütend kippte Leo den Rotwein in sich hinein, als handle es sich um Leitungswasser.

„Entschuldigen Sie, ich wollte Sie nicht belehren, aber wir müssen doch jetzt langsam zum Punkt kommen“, sagte Caspar versöhnlich und rutschte auf seinem Stuhl herum. Leo ahnte, dass jetzt ein längerer Vortrag folgen würde.

Über seine Naivität. Über sein Unwissen. Seine Dummheit!

In seinem Magen rumorte es. Und das hatte nichts mit dieser Kaper zu tun, die er fast mitsamt dem Stiel verschluckt hätte.

Nein. Es war Ärger. Aber so was von! Über diesen … diesen Lackaffen, diesen affektierten Klugscheißer!

„Ich will es Ihnen erklären." Caspar räusperte sich.

Ach wirklich? Wie gnädig! Leo klopfte genervt mit dem Löffel auf den Tisch.

Tack, tack, tack.

„Also, Sie müssen wissen, es ist gar nicht so einfach, so ein Auto in Brand zu setzen, und damit es explodiert, muss auch noch nachgeholfen werden. Die Wirklichkeit hat wie so oft nicht allzu viel mit den Krimis und Actionfilmen zu tun. Und vielleicht haben Sie das ja auch schon einmal gesehen. Am Schluss bleibt noch immer das Skelett übrig. Und selbst mit diesem kümmerlichen Rest können die Forensiker noch etwas anfangen. Aber wir wollen doch einen Weg finden, eine Leiche so verschwinden zu lassen, dass es wirklich keine Spuren mehr gibt. Also geben Sie sich doch bitte etwas mehr Mühe!"

Das Rumoren in Leos Magen verwandelte sich in kochende Wut.

Was bildet sich dieser Hanswurst eigentlich ein? Redet mit mir wie damals mein Schwager, dieser Großkotz!

Beim Gedanken an ihn und daran, dass der sich fast das ganze Erbe seiner Schwiegereltern unter den Nagel gerissen hätte, wurde Leo noch nachträglich übel. Seine Frau, diese naive Kuh, war ja zu dumm gewesen, um sich gegen ihren Bruder zur Wehr zu setzen. Nur gut, dass er noch rechtzeitig dazwischengegangen war. Leo musste grinsen.

Na gut, dachte er. Wieso eigentlich nicht?

Er blickte Caspar tief in die Augen. „Es gibt den perfekten Mord. Ich weiß das mit hundertprozentiger Sicherheit."

Caspar blieb ungerührt. „Ach, und wieso glauben Sie das zu wissen?"

„Weil ich einen Mord begangen habe." Leo lächelte triumphierend. So, dachte er. So, jetzt bist du platt, du überheblicher Schnösel! Zufrieden lehnte er sich zurück.

Caspar starrte ihn an und öffnete den Mund. Leo war auf einen Ausruf des Schreckens gefasst, aber was dann kam, traf ihn völlig unerwartet.

Caspar lachte los. Lachte, bis ihm die Tränen über die geröteten Wangen kullerten und er blindlings in seiner Hosentasche nach einem Taschentuch suchen musste.

Leo ballte die Fäuste. Machst du dich über mich lustig? Ja? Ja? Machst du das?

Es konnte sich nur noch um Sekunden handeln, dann würde er die Beherrschung verlieren und ihm eine verpassen, und zwar so, dass er tagelang nicht mehr aus den Augen glotzen konnte.

„Ach du meine Güte“, schniefte Caspar und trocknete sich die Tränen. „Ich wollte Sie nicht auslachen, aber Sie haben so ernst geschaut, es sah einfach zu komisch aus.“ Er kicherte immer noch. „Ich habe natürlich nicht eine Sekunde geglaubt, dass das wahr sein könnte. So ein sympathischer Mann in den besten Jahren und – Verzeihung, wenn ich das sage –, aber Sie sehen aus, als könnten Sie nicht einmal eine Fliege töten. Obwohl …, eine Fliegenleiche wäre ganz einfach zu entsorgen.“

Caspar schien sich königlich zu amüsieren.

Leo beugte sich über den Tisch. „Jetzt hören Sie mir mal gut zu, Sie lächerliche Witzfigur!“, knurrte er. „Auch, wenn Sie sich das in Ihrem Spatzenhirn nicht vorstellen können, ich, ja ich habe jemanden umgebracht und sitze trotzdem gemütlich hier. Also halten Sie mir keine Vorträge wie ein dämlicher Lehrer! Sie wissen nichts. Sie haben keine Ahnung!“

Caspar riss die Augen auf. „Meinen Sie das ernst?“

„Todernst.“

Befriedigt musterte Leo den verdatterten Ausdruck in Caspars Gesicht und lehnte sich wieder zurück.

Er hatte sich Respekt verschafft. So, ja genau so musste das sein. Langsam spürte er den Alkohol ziemlich deutlich. Selbst für seine Verhältnisse war doch einiges zusammengekommen. Aber er musste sowieso den Bus nehmen, so ohne Führerschein.

„Also haben Sie mich die ganze Zeit an der Nase herumgeführt." Caspar wirkte beleidigt. „Und anscheinend den perfekten Mord begangen."

„So ist es." Leo fühlte sich plötzlich müde.

„Können Sie das beweisen?"

„WAS?!", brüllte Leo. Es war nicht zu fassen. Dieser Kerl zweifelte immer noch an seinen Worten.

„Bitte regen Sie sich nicht auf, aber ich meine, es kann doch jeder behaupten, er hätte …"

„Schluss! Aus! Finito!" Leo packte Caspars Arm und zog ihn zu sich an seine Brust, bis ihre Nasenspitzen sich fast berührten.

„Ich werd es dir zeigen, und danach wirst du ein für alle Mal die Klappe halten! Verstanden? Los, komm mit, verfluchte Nervensäge!"

Caspar bog den Kopf zurück. „Einverstanden, aber ich muss noch bezahlen. Warten Sie hier, ich erledige das schnell drinnen." Offenbar erleichtert machte er sich davon, nachdem er sich aus Leos Griff gewunden hatte.

Leo trank den letzten Rest des Rotweins und beobachtete die Falter, die auf dem Platz um die Lampen flatterten.

Dämliches, hirnloses Ungeziefer.

Also direkt verwandt mit meinem, für immer von uns gegangen Schwager!

Leo musste laut lachen und bemerkte nicht, dass die Gäste an den Nebentischen irritiert herüberstarrten.

Er war mit einem Mal von einer Heiterkeit erfüllt, die ihn milde stimmte. Er fühlte sich großartig. Unbesiegbar. Schließlich hatte er es allen gezeigt, und er würde es jetzt auch diesem Idioten zeigen. Und dann vielleicht auch seiner zänkischen Frau. Warum nicht? Was einmal geklappt hat, kann doch wieder funktionieren?

„Wir gehen zu Fuß!“ sagte er in einem Ton, der keine Widerrede duldete, als Caspar zurückkam.

Kein Taxi, kein Bus, niemand, der sich an die beiden Männer erinnern konnte, von denen einer nicht mehr ganz sicher auf den Beinen war.

„Was genau machen wir hier?“, fragte Caspar und sah sich blinzelnd um.

Es war fast stockdunkel auf dem Friedhof Liebefels. Ein paar Grablichter flackerten auf den Gedenksteinen. Die weißen Blüten eines Kranzes leuchteten gespenstisch.

„Du wolltest es doch wissen. Hier. Da, schau.“ Leo deutete auf eine Grabstelle.

Caspar kniff die Augen zusammen und versuchte, die Schrift auf dem Grabstein zu entziffern.

„Ja und?“ Er klang etwas enttäuscht.

„Hier liegt er. Mein Schwager, dieser habgierige Aasgeier“, grunzte Leo.

„Ich ... ich verstehe nicht. Heißt das, Sie haben Ihren Schwager umgebracht?“

„Tja, das hab ich.“

„Und das ist sein Grab?“

Leo kicherte. „Nein, das ist nicht sein Grab. Er liegt hier sozusagen zur Untermiete!“

„Wie bitte?“

„Ja, da glotzen Sie! Das hätten Sie nicht gedacht, was? Sie haben geglaubt, ich sei irgendein blöder Idiot, vor dem Sie sich aufspielen können wie ein Herr Professor mit Ihren ganzen Theorien.“ Es fühlte sich richtig gut an, diesem Kerl die Meinung zu sagen. Schade, dass er in dem wenigen Licht, das sein Handy spendete, sein Gesicht nicht besser sehen konnte.

Seine Pupillen, die sich gleich vor Entsetzen weiten würden.

„Hier liegt eine Frau.“ Caspar war um die Blumen gestapft und hatte endlich die Inschrift auf dem Stein entziffert.

„Unter ihr. Er liegt eine Etage tiefer.“ Es machte ihm höllischen Spaß, Caspar noch mehr zu verwirren.

Der Kerl ist so dumm, dass es eigentlich schon strafbar ist! Sein ganzes Getue ist nichts als heiße Luft.

„Ich kann Ihnen immer noch nicht ganz folgen.“ Caspar fuhr sich durch die grauen Haare. „Wie sollte das denn gehen?“

„Na schön“, erwiderte Leo mit einem gönnerhaften Unterton in der Stimme. „Dann will ich Ihnen mal auf die Sprünge helfen. Also die Idee kam mir, als wir auf diesem Friedhof meine Schwiegereltern beerdigt haben. Sie sind beide bei einem Autounfall ums Leben gekommen. Und während wir da also rumstanden und darauf gewartet haben, dass der Pfarrer endlich aufhört zu reden, habe ich mir meine Gedanken gemacht. Meine Frau hat sich die Augen aus dem Kopf geheult, aber mein Schwager, der hat keinen Pieps von sich gegeben. Und ich wusste sofort, was er da ausbrütet. Ich wusste, dass er irgendeinen fiesen Plan schmiedet, um sich das Erbe unter den Nagel zu reißen. Ich war schon auf hundertachtzig und dachte gerade, wie schön es wäre, wenn er jetzt gleich mit seinen Eltern in die Grube fahren würde. Und peng! Da hatte ich die Lösung!“

„Zur Polizei. Sie hat nie geglaubt, dass ihr Bruder einfach so verschwinden würde. Und sie hat Angst bekommen.“ Caspar nestelte in seiner Hosentasche.

„Was?!“ Leos Mund war plötzlich völlig ausgetrocknet.

„Ja, Ihre Frau hat Angst bekommen, dass Sie ihr etwas antun könnten. Sie hat gesagt, dass Sie sie in der letzten Zeit so angesehen haben wie ihren Schwager bei der Beerdigung. Sie hatte ja keinerlei Beweise gegen Sie. Aber nachdem ich mich längere Zeit mit ihr über Sie unterhalten habe, wurde mir schnell klar, wie ich Sie aus der Reserve locken könnte.“

Leo spürte etwas Kaltes in seinem Magen. Als würde ihm ein Eisklumpen gegen die Eingeweide drücken.

Ich muss jetzt etwas tun! Ich muss sofort … Seine Hände formten sich zu Klauen.

Caspar zog sein Handy aus der Hosentasche, das die ganze Zeit eingeschaltet gewesen war.

„Ihr könnt ihn jetzt mitnehmen“, sagte er und schlenderte davon, ohne sich noch einmal umzudrehen.

Auf dem Friedhof herrschte plötzlich reges Leben.

Mucksmäuschenstill

Machen Sie gerne von Zeit zu Zeit einen Spaziergang in einem gepflegten Park? Dann haben Sie in Baden die Auswahl von mehreren öffentlichen Parkanlagen. Unter den mächtigen, alten Bäumen flaniert man fast wie in vergangenen Zeiten an prächtigen Blumenbeeten und seltenen Pflanzen vorbei. Idyllisch und friedlich, Balsam für die Seele.

Aber würden Sie das auch nachts tun? Ganz alleine in der Finsternis durch einen verlassenen Park laufen? Wenn in der Stille dann plötzlich seltsame Geräusche zu hören sind, kann man ja durchaus etwas nervös werden.

Was war das? Ein Tier? Klang aber gar nicht so.

Und diese Schatten, die über den gekiesten Weg huschen.

Ist da jemand?

„Kommt nicht in Frage! Du bleibst hier!"

„Ach Mama, bitte! Biiiiitte!"

„Willst du mich ins Grab bringen vor Kummer? Hör auf damit. Es wird dir nichts nützen. Niemals, hörst du? Niemals werde ich dir erlauben, jetzt noch hinauszugehen. Es ist dunkel! Denk an deinen Vater.“

Ja, natürlich. Mimi dachte oft an ihren Vater, obwohl es schon so lange her war.

Seit er nicht mehr nach Hause gekommen war.

Trotzdem.

Sie warf einen Blick nach draußen.

Der Vollmond stand hoch am nächtlichen Himmel und tauchte den Park in ein silbernes Licht.

Es war wunderschön.

Und gefährlich.

„Ach Kind“, seufzte ihre Mutter. „Ich verstehe dich ja. Du bist so jung. Du möchtest nicht hier drin bei deiner armen Mutter hocken. Ja, ich weiß doch noch genau, wie ich mich in deinem Alter gefühlt habe. Ich kenne dieses Ziehen, diese Unruhe, die einem hinaustreibt in die Nacht. Ins Leben.“

Mimis dunkle Augen glänzten sehnsuchtsvoll. Oh ja. Ihre Mutter schien sie wirklich zu verstehen. Deshalb musste sie jetzt über ihren Schatten springen und ihre einzige Tochter gehen lassen.

„Nein“, sagte ihre Mutter, als hätte sie Mimis Gedanken gelesen. „Nein, und keine Diskussionen mehr, verstanden? Ich gehe jetzt schlafen, und ich empfehle dir, es auch zu tun. Es ist schon spät.“

„Ich komme gleich nach“, brummelte Mimi ergeben und sah ihrer Mutter hinterher, wie sie sich mit mühsamen Schritten in die Schlafkammer verzog. Es kam ihr so vor, als wäre sie plötzlich alt geworden.

Ja, das war wohl so.

Tagelang hatten sie zusammen auf die Rückkehr ihres Vaters gewartet. Gelauscht auf jedes Geräusch.

Schließlich waren sie sogar aufgebrochen, um ihn zu suchen. Vergeblich.

Es gab keine Spur von ihm.

Nichts.

Und nach einer Woche gab es keine Zweifel mehr.

Er musste tot sein.

Ein Opfer der Namenlosen, die im Hinterhalt lauerten.

Still. Bewegungslos warteten.

Auf ihren Vater. Auf sie alle.

Sie hatten nie darüber geredet. Aber seither war ihre Mutter noch schreckhafter geworden.

So ängstlich, dass sie nur noch das Nötigste erledigte und kaum mehr an die frische Luft ging.

Und mich jetzt hier drin einsperrt, dachte Mimi frustriert.

Sie konnte den Blick nicht von diesem leuchtenden Ball am Himmel abwenden. Es war, als hätte der Mond sie hypnotisiert. Und dieser warme Lufthauch, der über ihre Nase strich, war wie eine Liebkosung.

darin eingemeißelt. Tröstend umfassten seine Hände das Gesicht einer jungen Frau.

Mimi hätte jetzt auch etwas Trost gebraucht, denn das Käuzchen begann wieder zu schreien. Es klang viel näher, als vorher.

Und da war noch etwas.

Sie konnte eine der Schaukeln hören.

Der alte Stadtfriedhof am Damianweg war längst zu einem Park geworden, der bei den Anwohnern sehr beliebt war. Außer ein paar verwitterten, geschichtsträchtigen Gräbern am Rande des Parks, deren Inschriften kaum noch zu lesen waren, erinnerte nichts mehr an die Toten, die einst hier ihre letzte Ruhe gefunden hatten.

Blühende Wiesen, gepflegter Rasen und am Ende des Parks der Spielplatz. Mit Kletterburg, Wippe, Tischtennisplatte und … Schaukeln.

Aber es war doch weit nach Mitternacht, die Kinder alle schon längst im Bett, und auch die jungen Leute, die in Nächten wie diesen hier gerne noch feierten, waren längst verschwunden.

Mimi drehte sich um. Eine der Schaukeln schwang leicht hin und her, als hätte gerade noch jemand darauf gesessen.

Sie lauschte. Keine Schritte, kein Geräusch war zu hören, außer dem Ruf von einem der Mauersegler, die hoch über der Stadt im Flug schliefen.

Wie sich das wohl anfühlte? Sein ganzes Leben am Himmel kreisend zu verbringen?

Aber auch dort oben lauerten Gefahren.

Mimi drehte sich um und blinzelte. Es war nicht mehr weit bis zu der Stelle, wo sie ihn vermutete.

Ob er wirklich da ist?

Wie eine Antwort auf ihre Frage sah sie, wie sich ein paar Halme bewegten. Das Gras stand kniehoch und war vertrocknet.

Er ist da!

Mimis Herz machte einen freudigen Sprung, und jetzt gab es kein Halten mehr und sie rannte los. Sie wollte wenigstens bis zu den Sträuchern auf der anderen Seite, dort würde sie sich vergewissern, dass keine Gefahr drohte.

Vor ihr tauchte ein schwarzer Schatten auf, der dasselbe Ziel zu haben schien wie sie. Geschmeidig und lautlos schlich er auf den Busch zu, wo Mimi ihn vermutete.

Mimi stockte der Atem.

Einer der Namenlosen!

Für einen Moment verharrte sie bewegungslos, innerlich zitternd vor Angst, dass einer ihrer hektischen Atemzüge sie verraten könnte.

Dann würde der Namenlose sich umdrehen und sie ansehen. So wie er wahrscheinlich ihren Vater angesehen hatte, bevor er ihn gepackt und …

Neinneinneinnein!

Mimi drückte sich flach auf den Boden. Ihr Herz hämmerte.

Der Schatten verharrte und drehte den Kopf. Blickte in Mimis Richtung, als hätte er sie gespürt. Im Mondlicht funkelten seine Augen gelb.

Mimi dachte, ihr Herz würde jeden Augenblick versagen vor Angst, aber er bemerkte sie nicht und ging mit lautlosen Schritten weiter.

Ich hoffe, er ist gar nicht gekommen, dachte Mimi verzweifelt. Sie konnte sich immer noch nicht rühren. Ich hoffe, er hat längst eine andere gefunden und wartet jetzt nicht dort drüben auf mich!

Mit ihm hätte sie gerne eine Familie gehabt. Viele Kinder, so wie ihre Eltern. Aber jetzt war ihr das egal, sie fürchtete nur noch um sein Leben.

Sie konnte ihn nicht warnen, sonst würde sie sich selbst verraten, und sie wusste, der Namenlose würde sie einholen. Selbst wenn sie losrannte so schnell wie noch nie in ihrem kurzen Leben. Sie waren immer schneller.

Sie musste jetzt still sein. Mucksmäuschenstill.

Dann konnte sie vielleicht überleben.

Von ihrem Platz aus sah sie, wie er bewegungslos vor dem Strauch verharrte. Mit gelben Augen die Finsternis durchdrang.

Da! Wieder eine winzige Bewegung im Gras.

Jetzt ging alles ganz schnell.

Mit einem gewaltigen Satz sprang der Schatten darauf zu, und durch die Stille der Nacht gellte ein kreischendes Fiepen.

Es dauerte nicht lange, und Mimi wusste, dass es zu Ende war. Er hatte doch auf sie gewartet, und jetzt war er tot.

Mimi huschte zurück in ihren Bau, zu ihrer schlafenden Mutter ins Nest.

Ungesehen von der Katze, die eine tote Maus nach Hause trug.

Auf Wiederlesen

Jetzt fragen Sie mich nur nicht, wer mir diese Dinge ins Ohr geflüstert hat. Ich werde meine Quellen ganz gewiss nicht preisgeben. Oder vielleicht ... Also, falls wir uns einmal ganz zufällig in der Stadt begegnen, lasse ich eventuell mit mir reden.

Vielleicht besuchen Sie mich mal auf meiner Homepage www.connyluescher.ch Hier finden Sie Buchtrailer, Leseproben und meine Kontaktdaten. Also bis bald?

Herzlichst
Conny Lüscher

Weitere Bücher der Autorin

Kurzgeschichten

Da läuft was schief

Mord in der Bäderstadt

Mörderische Turbulenzen in der Bäderstadt

Thriller

Nur noch Stille

Finstere Absicht

Rotlöckchens Grab

Böse Konsequenzen

Erkenne das Böse
Hornissenbrut
Stummer Schrei
Fantasy
Der Klang von Dunkel und Licht
Die sonnige Zeit